FRECUENCIAS

Español comunicativo para el siglo XXI

Libro de ejercicios

Equipo **Frecuencias**

Nivel

A1

Edinumen

Créditos fotográficos:

Pág. 10, Patio: Salvador Aznar, Shutterstock.com; **Pág. 13**, Calle de noche: Javen, Shutterstock.com; **Pág. 16**, Museo: Tupungato, Shutterstock.com; Iglesia: NaughtyNut, Shutterstock.com; **Pág. 19**, Nevera: John And Penny, Shutterstock.com; **Pág. 21**, Casa Azul: R.M. Nunes, Shutterstock.com; Palacio Nacional: Kamira, Shutterstock.com; **Pág. 27**, Zapatos Manolo Blahnik: Andrea Delbo, Shutterstock.com; Perfume Carolina Herrera: Simon Booth, Shutterstock.com; Camiseta Custo: catwalker, Shutterstock.com; Vestido Narciso Rodríguez: lev radin, Shutterstock.com; Vestidos Ágatha Ruiz de la Prada: catwalker, Shutterstock.com; **Pág. 30**, Museo del Prado: rubiphoto, Shutterstock.com; **Pág. 42**, Concierto: Igor Bulgarin, Shutterstock.com; **Pág. 43**, Gente en la playa: ElRoi, Shutterstock.com; **Pág. 63**, Mujeres guambianas: javarman, Shutterstock.com; Cumbia: Kobby Dagan, Shutterstock.com

ISBN - Libro de ejercicios: 978-84-91794-07-3
Depósito Legal: M-3796-2020

Impreso en España
Printed in Spain
1024

Coordinación pedagógica:
M.ª José Gelabert

Coordinación editorial:
Mar Menéndez

Diseño de maqueta:
Juanjo López y Sara Serrano

Diseño de portada y maquetación:
Carlos Casado, Juanjo López y Sara Serrano

Estudio de grabación:
Producciones Activawords

Impresión:
Gráficas Glodami. Madrid

Editorial Edinumen
José Celestino Mutis, 4. 28028 Madrid. España
Teléfono: (34) 91 308 51 42
Correo electrónico: edinumen@edinumen.es
www.edinumen.es

EXTENSIÓN DIGITAL en ELEteca

Un espacio en constante actualización

- Las **audiciones** de este libro se encuentran disponibles y descargables en nuestra plataforma educativa.
- Para acceder a este espacio, entra en la **ELEteca** (https://eleteca.edinumen.es), activa el código que tienes a continuación y sigue las instrucciones.

CÓDIGO DE ACCESO*

7nVHW98uAC

Para más información, consultar los términos de uso de la ELEteca.

* Este código de activación permite el acceso a los materiales digitales que acompañan este producto durante dieciocho meses.

Índice

Unidad 1 Nos presentamos

Palabras

1 Completa estas series numéricas con la cifra correcta.

1. 1, 3, 5, 7, 9, **trece/once/doce**, 13, 15, 17, **diecinueve/dieciocho/veinte**, 21, 23...
2. 2, 4, 6, 8, **once/diez/trece**, 12, 14, 16, **diecisiete/diecinueve/dieciocho**, 20, 22...
3. 3, 6, 9, 12, 15, 18, **veinte/veintiuno/veintidós**, 24, 27, **treinta/treinta y uno/treinta y dos**, 33, 36, 39, **cuarenta/cuarenta y dos/cuarenta y tres**, 45, 48...
4. 5, 10, 15, 20, 25, 30, 35, **treinta y siete/cuarenta/treinta y nueve**, 45, 50, 55, **cincuenta y dos/setenta/sesenta**, 65, 70, 75, **ochenta/ochenta y cuatro/ochenta y seis**, 85, 90...

2 Encuentra estos números en la imagen.

setenta y seis	veintiuno	dieciocho
treinta y seis	cincuenta y dos	cincuenta y nueve
noventa y seis	treinta y uno	cuarenta y tres
ochenta y tres	sesenta y cuatro	diez
veinte	cinco	setenta

3 Realiza estas operaciones y escribe el resultado en letras.

1. 7 x 6 = ...
2. 10 x 9 = ...
3. 17 + 38 = ...
4. 75 – 13 = ...
5. 40 + 11 = ...
6. 90 + 12 = ...
7. 10 + 8 = ...
8. 31 – 10 = ...
9. 3 x 4 = ...
10. 11 + 11 = ...

4 [1] Escucha la grabación y escribe los 6 números ganadores del premio de la bonoloto.

1. ....
2. ....
3. ....
4. ....
5. ....
6. ....

5 Escribe las siguientes nacionalidades en masculino y femenino.

M 1. *australiano*
F 2.

M 5.
F 6.

M 9.
F 10.

M 13.
F 14. *alemana*

M 3.
F 4.

M 7.
F 8.

M 11.
F 12.

M 15.
F 16.

5a Elige la opción correcta.

Una buena estrategia para aprender vocabulario es...

1. relacionar imágenes con palabras. 2. memorizar imágenes. 3. ordenar por orden alfabético.

6 ¿Sabes de dónde son estas cosas? Elige la forma de la nacionalidad correcta. Fíjate en el género (femenino/masculino) y en el número (singular/plural) de las palabras.

1. Los tulipanes son ....

5. El café es ....

2. Las pirámides son ....

6. La paella es ....

3. El *sushi* es ....

7. El carnaval es ....

4. Los quesos son ....

8. La hamburguesa es ....

7 Relaciona las imágenes con las profesiones.

☐ enfermero/a	☐ cantante
☐ recepcionista	☐ pintor/a
☐ futbolista	☐ cocinero/a
☐ arquitecto/a	☐ escritor/a
☐ actor/actriz	☐ director/a

1 gorro

3 teléfono

5 planos

7 pelota

9 pinceles

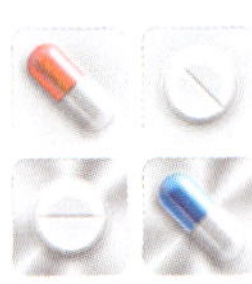

2 pastillas

4 micrófono

6 papel y lápiz

8 silla

10 escenario

8 ¿De dónde son estos personajes famosos? ¿Qué profesión tienen? Consulta en internet si es necesario.

1. Brad Pitt: *actor estadounidense*
2. Neymar y Ronaldinho: ....
3. Frida Kahlo y Diego Rivera: ....
4. Antonio Gaudí: ....
5. Shakira: ....
6. Van Gogh: ....
7. Vladimir Putin: ....
8. Jennifer Aniston y Sandra Bullock: ....

Gramática

9 Relaciona.

1. tu amiga
2. la madre y la hermana de Juan
3. Juan
4. Diego y yo
5. tu madre, tu padre y tú
6. tus profesores

a. él
b. ella
c. nosotros
d. vosotros
e. ellos
f. ellas

10 Completa la tabla con las formas que faltan del presente de indicativo.

	Ser	Tener	Hablar	Llamarse
yo	soy	[5]	[9]	[13] .... llamo
tú	[1]	tienes	[10]	te [14] ....
él, ella, usted	[2]	[6]	habla	[15] ....
nosotros/as	somos	[7]	hablamos	nos [16] ....
vosotros/as	[3]	tenéis	[11]	[17] .... llamáis
ellos, ellas, ustedes	[4]	[8]	[12]	[18] .... llaman

11 Ordena las letras de los globos para formar verbos y pronombres.

1. s o t o n s r o › *nosotros*
2. o l m a l › ....
3. i s s o › ....
4. m s o s o › ....
5. s t u d e e s › ....
6. l a l e s › ....
7. r a m t j a o s b a › ....
8. n e t o g › ....
9. e n m o e t s › ....
10. i e v v n › ....

12 Relaciona las preguntas con su información.

1. ¿Cómo te llamas?
2. ¿Cuántos años tienes?
3. ¿De dónde eres?
4. ¿Dónde vives?
5. ¿Cuál es tu dirección en Madrid?
6. ¿Qué lenguas hablas?
7. ¿A qué te dedicas?
8. ¿Cuál es tu número?

a. nacionalidad
b. teléfono
c. lugar de residencia
d. nombre
e. dirección
f. profesión
g. edad
h. idiomas

13 Escribe una pregunta para cada respuesta.

1. ¿ .... ? Son de Italia.
2. ¿ .... ? Yo tengo 31 años y ella tiene 33.
3. ¿ .... ? Soy informático.
4. ¿ .... ? Vive en Buenos Aires.
5. ¿ .... ? Hablo español y francés. Pedro habla inglés también.

14 Clasifica las palabras del recuadro en la tabla.

cubana | conductor | vivir | ~~hospital~~ | británica | dedicarse | canadienses | iraní | trabajar | enfermera
escuela | escribir | empresa | mesero | tienda | polaca | llamarse | ser | tener | farmacéutica | clínica
diseñadora gráfica | saludarse | peruana | japoneses | alemán | relacionar

Lugares de trabajo	Nacionalidades	Profesiones	Verbos
hospital			

15 Escucha esta conversación entre el recepcionista de un gimnasio y dos clientes. Después completa los formularios de inscripción.

[2]

①

Formulario de inscripción

Nombre: Miguel
Apellido: Moreno
Edad: **1.** ....
Profesión: **2.** ....
Teléfono: 609 30 54 66
Correo electrónico: **3.** ....

②

Formulario de inscripción

Nombre: Ana
Apellido: **4.** ....
Edad: 55 años
Profesión: **5.** ....
Teléfono: **6.** ....
Correo electrónico: aalonso@mail.com

Para poder dar nuestra dirección de correo electrónico necesitamos saber en español dos símbolos:
- @ se dice *arroba*.
- . se dice *punto*.

16 **Andrés hace un intercambio de quince días en Berlín. Escribe un correo electrónico a su amiga Eva para hablar sobre su nueva familia. Lee el correo y di si las afirmaciones son verdaderas o falsas.**

De: Andrés Para: Eva Asunto: Berlín

Hola, Eva:

¿Qué tal estás?

Yo estoy ya en Berlín y conozco a todos los miembros de mi nueva familia. Son muy simpáticos. Hablo alemán con ellos, pero no comprendo todo. A veces hablamos en inglés. La madre se llama Katja, tiene 49 años, es enfermera y trabaja en un hospital. El padre se llama Ricardo, es colombiano, tiene 56 años y es arquitecto. El mayor de los hijos es Christoph. Tiene 20 años y es estudiante de Medicina. Wiebke tiene la misma edad que yo, 15 años; tenemos clase juntos y conozco también a sus amigos. Y la más pequeña es Johanna, que tiene 10 años. ¡Me encanta mi nueva familia!

¡Espero tus noticias!

Un abrazo,

Andrés

1. Toda la familia es alemana. .... V F
2. Andrés tiene 15 años. .... V F
3. Andrés comprende todo en alemán. .... V F
4. Wiebke tiene clase con Andrés. .... V F
5. Katja es colombiana. .... V F
6. El padre es enfermero. .... V F
7. La familia tiene 3 hijos. .... V F
8. La familia vive en Berlín. .... V F

17 **Escribe información sobre tu familia: nombre, edad, profesión, nacionalidad, lugar de residencia, idiomas que habla, etc.**

Mis padres: ....

Mis hermanos: ....

Y yo: ....

Cultura

18 Relaciona cada país del mapa con su nombre correspondiente.

a. Paraguay	k. República Dominicana
b. México	l. Argentina
c. Colombia	m. Puerto Rico
d. Perú	n. Costa Rica
e. Venezuela	ñ. Nicaragua
f. Bolivia	o. Chile
g. Guatemala	p. Uruguay
h. Cuba	q. El Salvador
i. Honduras	r. Ecuador
j. Panamá	

1. ☐	5. ☐	9. ☐	13. ☐	17. ☐
2. ☐	6. ☐	10. ☐	14. ☐	18. ☐
3. ☐	7. ☐	11. ☐	15. ☐	19. ☐
4. ☐	8. ☐	12. ☐	16. ☐	

19 Elige la capital de cada uno de los siguientes países.

1. CUBA	Quito/La Habana/Lima/Caracas
2. COLOMBIA	Asunción/Caracas/Bogotá/Santiago
3. MÉXICO	México/Ciudad de México/Asunción/San José
4. ARGENTINA	Santiago/Madrid/Caracas/Buenos Aires
5. COSTA RICA	Quito/Managua/San José/San Juan
6. VENEZUELA	Caracas/Asunción/Madrid/Lima
7. PERÚ	Lima/San Juan/Managua/La Paz
8. ESPAÑA	Santiago de Compostela/Barcelona/Sevilla/Madrid

20 ¿Son verdaderas o falsas las siguientes afirmaciones sobre el mundo hispano?

1. México es el país con más habitantes nativos de español. .... V F
2. Más de 600 millones de personas en el mundo hablan español. .... V F
3. El español es la tercera lengua más importante en internet. .... V F
4. En América del Norte no hay países de habla hispana. .... V F
5. En Estados Unidos hablan español como lengua nativa más de 25 millones de personas. .... V F
6. En África hay un país con hablantes nativos de español. .... V F
7. En los países hispanohablantes usan un apellido. .... V F
8. En España se usa la palabra *celular* para referirse al teléfono móvil. .... V F

Palabras

1 Relaciona las palabras con la imagen correspondiente.

1 ☐

2 ☐

3 ☐

4 ☐

5 ☐

6 ☐

a. edificio de pisos
b. chalé adosado
c. piscina
d. jardín
e. casa con patio
f. urbanización

2 Elige el sinónimo de *casa*. Puedes usar el diccionario.

1. planta
2. habitaciones
3. edificio
4. baño
5. vivienda
6. ascensor

3 Marca el intruso de cada serie.

1. mesa, mueble, silla, baño
2. cocina, dormitorio, colegio, terraza
3. cafetería, horno, banco, tienda
4. jardín, casa, chalé, piso
5. nevera, lavavajillas, garaje, lavadora

4 [3] Escucha el siguiente diálogo y di si las informaciones son verdaderas o falsas.

1. La señora está interesada en comprar un piso. .... V F
2. La referencia del piso es 9241. .... V F
3. El piso se encuentra en la calle Cartagena, 15. .... V F
4. El edificio tiene conserje día y noche. .... V F
5. El piso no tiene una plaza de garaje. .... V F
6. El piso está bien comunicado porque tiene dos paradas de metro y una de autobús. .... V F
7. En el barrio hay más de un supermercado. .... V F
8. Para llegar al centro comercial y al colegio es necesario el coche. .... V F
9. La cita es directamente en la inmobiliaria. .... V F
10. La cita es a las 17 h. .... V F

4a [3] Vuelve a escuchar el diálogo y corrige las frases falsas con la información correcta.

....
....
....
....
....

5 Ordena las letras de los globos para formar palabras.

1. n a v e r e › *nevera*
2. o c i e i f d i › ....
3. n a l ó s › ....
4. r a q u i e i l › ....
5. a r e r z t a › ....
6. n c a l ó b › ....
7. r c a s e n o s › ....
8. v l a a o r d a › ....

6 Clasifica las palabras del recuadro en la tabla.

hospital | cocina | mesa | electrodoméstico | parque | terraza | dormitorio | supermercado | mueble
farmacia | baño | tienda | cafetería | calefacción | silla | colegio | banco | horno

En el barrio	En la casa

7 Lee las frases y decide a qué imagen corresponden.

1. ☐ Vivo en un barrio muy antiguo.
2. ☐ Mi casa está cerca de un parque.
3. ☐ En mi calle hay muchos balcones.
4. ☐ Necesito una casa con garaje.
5. ☐ Mi casa tiene dos plantas.
6. ☐ Hay muchos árboles y plantas.
7. ☐ El edificio tiene varios pisos.
8. ☐ La calle es tranquila, es posible ir en bicicleta.

8 Mira la casa de la imagen y escribe una redacción de cincuenta palabras describiendo cómo es.

....

....

....

....

....

....

....

Gramática

9 Escribe el femenino de los siguientes nombres.

1. niño › ....
2. hombre › ....
3. padre › ....
4. caballo › ....
5. perro › ....
6. gato › ....
7. profesor › ....
8. chico › ....

10 Clasifica estos nombres en su artículo correspondiente.

árbol | viajes | baños | televisión | calles | escuela | lápiz | apartamento | libros | plantas | casas | problemas | manos | radio | nacionalidad | viaje

el	la	los	las

11 Indica si los siguientes nombres son masculinos (M) o femeninos (F) y escribe el plural.

1. M F camión ....
2. M F dormitorio ....
3. M F edificio ....
4. M F actriz ....
5. M F mapa ....
6. M F mano ....
7. M F historia ....
8. M F viaje ....
9. M F amigo ....
10. M F noche ....

12 Elige el adjetivo adecuado para cada nombre.

1. casas:
   a. grandes
   b. interesante
   c. céntricos

2. silla:
   a. alto
   b. clásico
   c. cómoda

3. pisos:
   a. pequeño
   b. céntricos
   c. moderna

4. barrios:
   a. modernos
   b. antiguas
   c. residencial

13 Forma el plural de estas palabras.

1. una cocina › *unas cocinas*
2. una casa › ....
3. una habitación › ....
4. un baño › ....
5. un salón › ....
6. un lavavajillas › ....
7. una lavadora › ....
8. un horno microondas › ....
9. un sofá › ....
10. un ascensor › ....

14 Completa con el artículo determinado.

1. *la* casa
2. *los* chicos
3. .... señor
4. .... cocineros
5. .... barrio
6. .... cocinas
7. .... piscina
8. .... hospital
9. .... jardines
10. .... calefacción
11. .... ascensor
12. .... dormitorios

15 Completa con el artículo indeterminado.

1. ...una... habitación
2. ...unos... árboles
3. .... apartamentos
4. .... piso
5. .... gimnasio
6. .... televisión
7. .... libros
8. .... farmacia
9. .... autobús
10. .... hospital
11. .... mano
12. .... sofá

16 Fíjate en la imagen y selecciona las frases correctas.

1. ☐ En la calle hay una iglesia.
2. ☐ Delante de la iglesia hay un parque.
3. ☐ En la calle hay tiendas.
4. ☐ Al lado de los coches hay un banco.
5. ☐ Entre los edificios hay muchos árboles.
6. ☐ Hay coches en el medio de la calle.
7. ☐ No hay grafitis en los edificios.

17 Completa las frases con la opción correcta.

1. El banco de mi barrio **hay/está/están** al lado de la escuela.
2. En la casa de mis padres **hay/está/están** muchos muebles.
3. Las tiendas más modernas **hay/está/están** en el centro de la ciudad.
4. En Madrid **hay/está/están** muchas escuelas de español.
5. La escuela más antigua **hay/está/están** delante de la catedral.
6. ¡No **hay/está/están** platos en la mesa!

18 Escucha a estas seis personas y relaciona cada intervención con la imagen de la que hablan.

[4]

A ☐

B ☐

C ☐

D ☐

E ☐
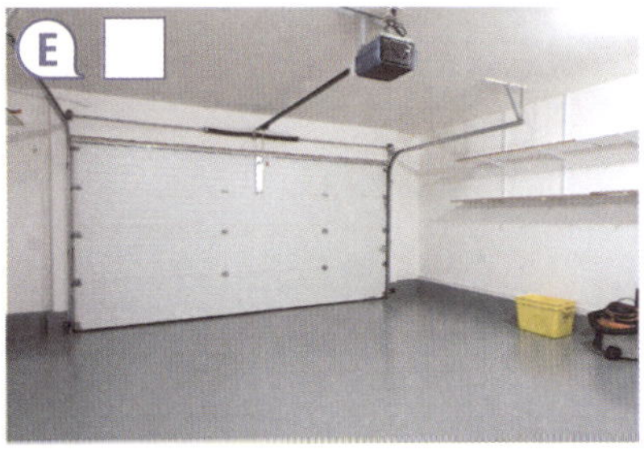

F ☐

19 Completa las frases con la opción correcta.

1. ¿Sabe dónde **hay/está/tiene** un centro comercial?
2. No sé dónde **hay/está/tiene** la biblioteca.
3. **Hay/Está/Tiene** un banco delante de mi oficina.
4. En mi habitación **hay/está/tiene** una terraza enorme.
5. Mi casa **hay/está/tiene** dos plantas.
6. La urbanización de Rocío **hay/está/tiene** piscina.
7. En la cocina de mi casa **hay/está/tiene** mucha luz.
8. ¿Dónde **hay/está/tiene** el baño, por favor?

20 Relaciona cada pregunta con la respuesta adecuada.

1. Disculpe, ¿sabe dónde está el baño?
2. ¿Dónde están los estudiantes?
3. ¡Luis, Laura! ¿Dónde estáis?
4. ¿Hay una farmacia en este barrio?
5. ¿Hay estudiantes en la clase hoy?

a. ¡Estamos detrás de este árbol!
b. Están en el parque.
c. No, no hay gente, qué extraño.
d. Sí, está entre la cafetería y el gimnasio.
e. Está al lado de la habitación grande.

21 Observa estas imágenes y decide si estas afirmaciones son verdaderas o falsas.

1. En la habitación hay mucha luz. .... V F
2. En la clase hay pocos estudiantes. .... V F
3. En mi calle hay muchos coches. .... V F
4. En esta biblioteca hay mucho ruido. .... V F

22 Ordena las palabras y forma frases correctas.

1. hay/¿Cuántos/tu/restaurantes/barrio?/en ....
2. platos/armario./Los/dentro/del/están ....
3. árboles./muchos/jardín/hay/En/mi ....
4. muebles./habitación/En/la/espacio/muchos/porque/poco/hay/tiene ....

23 Escribe las siguientes cifras en letras.

1. 455 ....
2. 391 ....
3. 667 ....
4. 776 ....
5. 853 ....
6. 587 ....

24 Escribe en letras estos números ordinales.

1. 1.ª planta › ....
2. 1.º piso › ....
3. 3.º año › ....
4. 10.ª edición › ....
5. 7.ª pregunta › ....
6. 8.ºˢ juegos › ....

Cultura Las Ramblas

25 Relaciona estos lugares emblemáticos de Barcelona con su nombre.

1. ☐ Mercado de la Boquería
2. ☐ Fuente de Canaletas
3. ☐ Teatro del Liceo
4. ☐ Casa de los Paraguas
5. ☐ Farmacia Nadal
6. ☐ Mosaico de Joan Miró

A

B

C

D

E

F

26 Decide si estas afirmaciones sobre los lugares anteriores son verdaderas o falsas.

1. Los monumentos y lugares de la actividad anterior están a las afueras de Barcelona. .... V F
2. Los monumentos y lugares de la actividad anterior están en una calle de Barcelona. .... V F
3. La Fuente de Canaletas es el lugar favorito de los seguidores del Barcelona F. C. .... V F
4. La Casa de los Paraguas es un edificio de estilo neoclásico. .... V F
5. El mosaico de Joan Miró está en el corazón de las Ramblas. .... V F
6. El mercado de la Boquería está en un parque cerca de las Ramblas. .... V F
7. El Teatro del Liceu es famoso internacionalmente entre los aficionados a la ópera. .... V F

27 Describe un lugar famoso de tu interés. ¿Dónde está? ¿Qué hay? ¿Qué monumentos famosos tiene?

....

....

....

....

....

....

Unidad 3 Vamos de viaje

Palabras

1 Relaciona cada imagen con la palabra correcta.

a. museo | b. iglesia | c. ruinas | d. plaza | e. parque | f. mirador

1 ☐ 

2 ☐ 

3 ☐ 

4 ☐ 

5 ☐ 

6 ☐ 

2 Completa las frases con alguna de las palabras anteriores.

1. Voy al .... para ver cuadros.
2. En Italia hay muchas ....
3. Desde este .... se puede ver toda la costa.

3 Escribe una frase con las palabras que no están en la actividad 2.

....

....

....

4 Escribe la palabra correcta que corresponde a estas definiciones.

1. Templo cristiano. ....
2. Lugar amplio y espacioso en un pueblo o ciudad. ....
3. Lugar desde el que se tienen buenas vistas. ....
4. Restos de edificios. ....
5. Espacio con árboles y jardines donde se puede pasear. ....
6. Lugar donde se exponen cuadros. ....

5 Escribe la palabra correcta debajo de la imagen correspondiente.

duchas
aparcamiento
baños
piscina
zona de acampada
parque infantil

1 
....

2 
....

3 
....

4 

....

5 
....

6 
....

6 Continúa las frases correctamente.

1. El contrario de *cerca*
2. El aparcamiento está
3. La piscina está entre el aparcamiento
4. El restaurante está a la
5. La zona de acampada está delante

a. y el parque infantil.
b. es *lejos*.
c. detrás del supermercado.
d. derecha de la recepción.
e. de la piscina.

7 Lee el texto y marca verdadero o falso.

Hola. Me llamo Miguel y os voy a hablar de mis gustos y preferencias al viajar. Cuando viajo, prefiero ir siempre a una casa que tengo en la playa; la montaña no me gusta mucho, prefiero descansar cerca del mar; pero no solo descansar, también algunas veces hago surf, me encanta. Hay una cosa que no me gusta: el submarinismo. Prefiero nadar y tomar el sol cerca del agua. Detrás de mi casa hay un restaurante donde como los fines de semana. Entre el restaurante y mi casa hay una piscina, pero nunca voy.

1. Miguel tiene una casa en la playa. .... V F
2. Le gustan la playa y la montaña. .... V F
3. Prefiere tomar el sol lejos del agua. .... V F
4. Su casa está detrás del restaurante. .... V F
5. La piscina está entre el restaurante y su casa. .... V F

8 Si haces turismo cultural, ¿qué actividades realizas?

- [ ] Ir a la playa.
- [ ] Ver un museo.
- [ ] Descansar.
- [ ] Ir a la montaña.
- [ ] Tomar el sol.
- [ ] Ver monumentos.
- [ ] Ver animales.
- [ ] Ver un espectáculo.

9 Completa el tipo de actividad ordenando las letras de los globos.

1. Ir a un e r d o c m a .... de artesanía.
2. Hacer b m a m o s u n i s r i ....
3. Hacer f r s u ....
4. Ir a la m ñ t o a a n ....

10 Relaciona las imágenes con el tipo de turismo.

Turismo... 1. de naturaleza: .... 2. de sol y playa: .... 3. cultural: ....

Gramática

11 Completa la tabla con las formas que faltan del presente de indicativo.

Ir	Viajar	Poder	Preferir
voy	[5]	[9]	prefiero
[1]	viajas	[10]	[13] ....
[2]	[6]	puede	[14] ....
vamos	[7]	podemos	preferimos
[3]	viajáis	[11]	[15] ....
[4]	[8]	[12]	prefieren

12 Elige la opción correcta.

1. Mañana vamos **a/en** la playa.
2. Prefiero viajar **a/en** tren.
3. Mi casa está **a/en** diez minutos de la escuela.
4. El restaurante está **a/en** la calle de atrás.
5. Como no tengo coche voy **a/en** pie.
6. Voy **a/en** casa **a/en** metro.

13 ¿Qué expresan las preposiciones de las siguientes frases?

destino | localización
medio de transporte
tiempo | distancia

1. Prefiero viajar **en** autobús porque es más barato. ....
2. El hotel está **a** 5 minutos. ....
3. Día 4: Visita **al** centro histórico de la ciudad. ....
4. La isla Saona está **en** el parque nacional de Cotubanamá. ....
5. El aeropuerto está **a** 20 kilómetros del hotel. ....
6. Yo quiero viajar **a** Buenos Aires porque es una ciudad muy interesante. ....

14 ¿En qué frases es necesario usar la contracción *al*?

1. Voy a el cine esta tarde.
2. La visita a la catedral es mañana.
3. Damos el regalo a los niños.
4. Luego vamos a el médico.
5. ¿A qué hora llegas a el aeropuerto?

15 Elige la opción correcta.

▶ Hola, Pedro, cuéntame, ¿cómo [1] **es/está/hay** tu ciudad?

▷ Pues mi ciudad [2] **es/está/hay** pequeña pero muy bonita. No [3] **es/está/hay** playa porque [4] **es/está/hay** lejos de la costa.

▶ ¿Y [5] **es/está/hay** algún restaurante peruano?

▷ No, no [6] **es/está/hay**. Solo [7] **es/está/hay** restaurantes mexicanos. Mi favorito [8] **es/está/hay** cerca de mi casa. [9] **Es/Está/Hay** muy grande.

16 Relaciona los contrarios.

1. seguro	a. barato
2. lento	b. peligroso
3. caro	c. contaminante
4. ecológico	d. impuntual
5. puntual	e. rápido

16a Escribe cinco frases usando cinco adjetivos de la actividad anterior.

1. ....
2. ....
3. ....
4. ....
5. ....

17 Escucha y marca quién dice estas frases.

[5]

	María	Juan	Manuel
1. Prefiere viajar en avión porque es cómodo.	☐	☐	☐
2. En el autobús puedes dormir, según sus amigos.	☐	☐	☐
3. Cuando viaja en coche puede escuchar música.	☐	☐	☐
4. Para ir a su escuela prefiere la bicicleta.	☐	☐	☐
5. El autobús es el transporte menos puntual.	☐	☐	☐
6. La bicicleta es el transporte más económico.	☐	☐	☐

18 Elige la opción correcta.

1. Distancia intermedia	a. aquí
2. Más lejos del hablante	b. ahí
3. Más cerca del hablante	c. allí

19 Relaciona las siguientes palabras con su imagen correspondiente.

aire acondicionado | bufé libre | habitación doble | conexión wifi | minibar
recepcionista | aparcamiento | ubicación

1. ....

2. ....

3. ....

4. ....

5. ....

6. ....

7. ....

8. ....

20 Relaciona la información del hotel con las preguntas.

1. Tiene una ubicación muy céntrica.	a. ¿El hotel tiene aparcamiento?
2. El desayuno y la cena.	b. ¿Cómo son las camas?
3. Es un hotel de tres estrellas.	c. ¿Hay wifi?
4. Sí, todas las habitaciones tienen conexión.	d. ¿Es muy caro?
5. Dobles e individuales.	e. ¿Qué incluye la reserva?
6. Sí, y *jacuzzi* también.	f. ¿Dónde está?
7. Sí, subterráneo.	g. ¿Qué categoría tiene?
8. No, en realidad es bastante económico.	h. ¿Tiene piscina?

21 Escucha la opinión de un cliente de un hotel y marca qué es lo mejor (M) y lo peor (P) para él.

[6]

- [ ] aire acondicionado
- [ ] habitación
- [ ] conexión wifi
- [ ] aparcamiento
- [ ] bufé libre
- [ ] baño
- [ ] atención
- [ ] ubicación

22 Escribe la forma correcta de los verbos *ir*, *preferir*, *poder* y *costar*.

1. ▶ ¿Cómo vas a la escuela?
   ▷ Pues depende. Si .... solo, andando, pero si me acompaña mi hermano, los dos .... en autobús.
2. Como tienes una casa en la playa .... ir allí sin problema.
3. Hay muchos tipos de helado, pero ellos .... el de chocolate.
4. Esta habitación .... 50 euros por noche, desayuno incluido. Otros hoteles con M. P. .... más dinero.

> **Fíjate**
> Cuando miramos información sobre hoteles podemos encontrar estas siglas:
> - S. A. (solo alojamiento)
> - A. D. (alojamiento y desayuno)
> - M. P. (media pensión)
> - P. C. (pensión completa)

23 Lucas lleva poco tiempo en Madrid y pregunta varias direcciones a una señora. Di si las siguientes afirmaciones son verdaderas o falsas.

Lucas: Perdone, ¿cómo puedo llegar desde aquí al Palacio Real?

Señora: Pues mira, puedes coger el metro, son seis paradas y no vas a tardar mucho. Otra opción es ir en autobús. La parada está ahí y pasan dos que te llevan a ese destino. También puedes ir a pie, está a veinte minutos andando, más o menos.

Lucas: Pues prefiero ir andando. ¿Cómo llego hasta allí?

Señora: Muy fácil. Sigue todo recto por esta calle. Al final, gira a la derecha y cruza una plaza. Allí está el palacio.

Lucas: Y una última cosa. ¿Sabe cuánto cuesta la entrada?

Señora: No recuerdo, pero no cuesta mucho.

Lucas: Muchas gracias.

1. El Palacio Real está a seis paradas en metro. ..... V F
2. Solo hay un autobús que va allí. .... V F
3. No es posible ir a pie. .... V F
4. Se tardan unos veinte minutos en llegar. .... V F
5. El palacio está en una plaza. .... V F
6. La entrada es bastante cara. .... V F

24 Escribe información sobre tu ciudad siguiendo las instrucciones.

Di dónde está, cómo es y qué hay. ....
....
....
....

Explica qué medios de transporte tiene: cuáles son tus favoritos, características, precio... ....
....
....
....

Di qué es lo mejor y lo peor de tu ciudad en tu opinión. ....
....
....
....
....

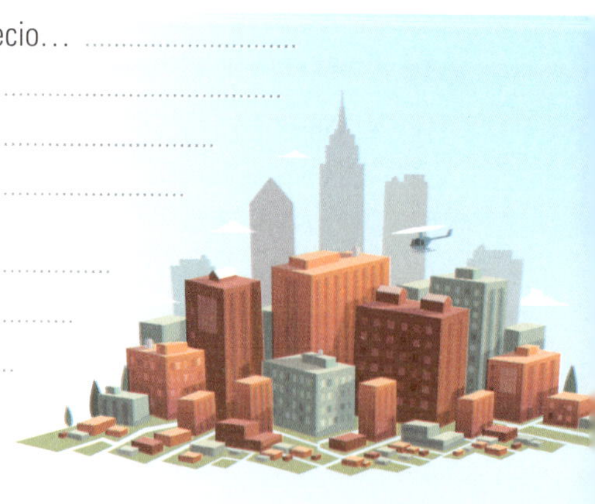

Cultura

25 ¿Sabes cómo se llaman estos platos e ingredientes típicos mexicanos? Relaciona las imágenes con su nombre correspondiente.

a. frijoles | b. quesadillas | c. chile | d. tacos

1 ☐

2 ☐

3 ☐

4 ☐

26 Forma el nombre completo de estos lugares mexicanos de interés turístico y luego relaciónalos con su fotografía correspondiente.

☐	1. La Catedral	a. Constitución
☐	2. La plaza de la	b. Metropolitana
☐	3. La Basílica de	c. Nacional
☐	4. La Casa	d. Guadalupe
☐	5. El Palacio	e. Azul
☐	6. Las Pirámides de	f. Teotihuacán

A

B

C

D

E

F

27 Marca si son verdaderas o falsas las siguientes afirmaciones sobre México.

1. La plaza de la Constitución también es conocida como *el Zócalo*. .... V F
2. Los bicibuses son gratuitos. .... V F
3. El Museo de Frida Kahlo está en la Basílica de Guadalupe. .... V F
4. Existe un museo dedicado al chocolate. .... V F
5. Es muy popular la música de los mariachis. .... V F
6. La paella es una comida típica de México. .... V F
7. En la plaza Garibaldi no se puede comer. .... V F
8. Los ciclotaxis son cómodos y baratos. .... V F

Unidad 4 En familia

Palabras

1 Esta es la familia de Lucía. Relaciona cada palabra con la persona correspondiente. Hay varias soluciones posibles.

abuelo | tío | prima | padre | tía | abuela | madre | hermano | primo | hija

1. ....
2. ....
3. ....
4. ....
5. ....
6. ....
7. ....
8. ....
9. ....
10. ....

2 Mira de nuevo el árbol genealógico y elige la opción correcta.

1. La **mujer/hermana/sobrina** de Germán se llama Patricia, su **hija/nieta/prima** Silvia y su **hijo menor/hija menor/sobrino**, Raúl.
2. El **marido/padre/hermana** de Nélida es Alberto, Lucía es su **hija mayor/tía/nieta**.
3. Los **sobrinos/primos/hijos** de Patricia se llaman Lucía y Rubén. Ellos también son los **nietos/sobrinos/hijos** de Miguel y Carmen.
4. Alberto y Patricia son **hermanos/nietos/casados**. Sus **padres/abuelos/tíos** son Miguel y Carmen.
5. Rubén, Lucía, Raúl y Silvia son **primos/hermanos/nietos**. Sus **abuelos/padres/tíos** son Miguel y Carmen.
6. Patricia es la **tía/hermana/madre** de Lucía y Rubén. Alberto es el **tío/padre/sobrino** de Raúl y Silvia.

3 Elige la característica que coincide con la imagen.

Mi tío es [1] **alto/bajo**. Mi tía tiene [2] **el pelo largo/el pelo corto** y es [3] **delgada/gorda**. Mi primo es [4] **moreno/rubio** y tiene [5] **el pelo liso/el pelo rizado**. Mi prima también es [6] **rubia/morena** pero tiene el pelo [7] **liso/rizado**. Todos son muy [8] **simpáticos/antipáticos**.

4 Escribe el nombre de la ropa debajo de la imagen correspondiente.

1. .... de manga larga

2. .... verde

3. ....

4. ....

5. ....

6. .... roja

7. .... negro

8. ....

5 Pon cada nombre debajo de la imagen correspondiente.

algodón lana piel/cuero seda

1.  ....
2.  ....
3.  ....
4.  ....

6 Escribe el nombre de cada color.

 1 ....
 2 ....
 3 ....
 4 ....
 5 ....
 6 ....
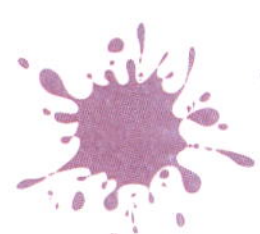 7 ....
 8 ....

7 Escucha a Alicia. Habla de su hermano Andrés. Señala si las frases son verdaderas o falsas.

[7]

1. Andrés es alto y gordito. .... V F
2. Tiene los ojos azules y el pelo rubio. .... V F
3. No lleva gafas. .... V F
4. Lleva vaqueros y una camisa de manga larga. .... V F
5. Es trabajador y muy abierto. .... V F

8 Describe a la familia que aparece en la foto.

....
....
....
....
....
....

Gramática

9 Completa las frases con el presente de indicativo de los siguientes verbos.

regalar | trabajar | viajar | comer | vivir | practicar | ver | llegar | conocer

1. Normalmente .... deporte con mi amigo Lucas en el gimnasio de mi barrio.
2. Cuando tú .... a casa, ... una película en español para mejorar.
3. Los domingos mi hermano y yo .... con mis abuelos que .... muy cerca.
4. Mi tío Andrés .... en un colegio. Es muy simpático con sus estudiantes.
5. Mis primos .... mucho y .... a mucha gente.
6. Con frecuencia mi padre .... flores a mi madre.

10 Di si las siguientes frases expresan acciones habituales (H) o tiempo presente (P).

1. ☐ Estoy en casa y Marta está en la oficina.
2. ☐ En este momento no tengo tiempo para ayudarte, ¡lo siento!
3. ☐ Mis amigos leen mucho, yo prefiero tocar el piano.
4. ☐ Mis amigas y yo corremos por el parque con frecuencia.
5. ☐ Hoy te quedas en casa para estudiar.
6. ☐ Julián y Rocío cantan normalmente en un karaoke.

11 Completa este texto con la forma del presente de indicativo de los verbos entre paréntesis.

Hola, [1] .... (llamarse) Sebastián, pero mis amigos me [2] .... (llamar) Sebas. Mis padres, mis hermanos y yo [3] .... (vivir) en Sevilla. [4] .... (Estudiar, yo) 1.º de la ESO (Educación Secundaria Obligatoria). Sergio, mi mejor amigo, y yo [5] .... (practicar) deporte todas las tardes. Jugamos al baloncesto. Mi madre [6] .... (trabajar) como comercial y por eso [7] .... (viajar) mucho. Mi padre y su socio [8] .... (trabajar) en el centro de Sevilla; son arquitectos y tienen un estudio. Los fines de semana todos [9] .... (comer) en casa de mis abuelos. Mi abuelo [10] .... (preparar) una paella muy buena. Como veis, soy un chico muy normal.

12 Elige la frase que describe cada imagen.

a. Están cocinando. | **b.** Está conduciendo. | **c.** Está estudiando. | **d.** Estoy abriendo la puerta. | **e.** Están corriendo. | **f.** Estamos haciendo deporte.

1 ☐

2 ☐

3 ☐

4 ☐

5 ☐

6 ☐

13 Completa la regla. Fíjate en la actividad anterior.

Para hablar de acciones que se están desarrollando en este momento, se usa la estructura [1] .... + ... Para formar el gerundio se sustituye la terminación del verbo por estas: verbos en **-ar›** [2] ...., verbos en **-er, -ir›** [3] ....

14 Observa la imagen y completa las frases. ¿Qué están haciendo? Después relaciona la descripción con la persona correspondiente.

1. ☐ Ana tiene el pelo largo, lleva una camiseta rosa y un pantalón corto. .... (Montar) en bicicleta.
2. ☐ Su padre es castaño y tiene los ojos negros. Lleva unos pantalones marrones y una camiseta de manga larga azul. .... (Tomar) café y .... (pasear) al perro.
3. ☐ Su madre es morena. Lleva una falda azul y una camiseta roja. .... (Leer) un libro.
4. ☐ Su tía es rubia y tiene el pelo largo. Su tío es moreno. .... (Mirar) el lago desde un banco.
5. ☐ Su prima lleva unos pantalones rojos y una camiseta verde. Su primo lleva un pantalón marrón y una camiseta azul. .... (Jugar) en la arena.
6. ☐ Su hermana .... (hacer) yoga. Tiene el pelo negro. Lleva una camiseta de manga corta marrón y unos pantalones azules.
7. ☐ Su abuelo lleva barba y tiene el pelo blanco. Está con su abuela. .... (Sonreír) a sus nietos.

15 Escucha la descripción del carácter de los diferentes miembros de esta familia. Escribe cómo son.

[8]

1. Ana es ....
2. Su hermana es ....
3. Su madre es ....
4. Su padre es ....
5. Sus tíos son ....
6. Sus primos son ....
7. Sus abuelos son ....

16 Selecciona el demostrativo correcto según las indicaciones que se dan.

1. Quiero ir de compras porque **estos/esos/aquellos** vaqueros están muy viejos. (Aquí)
2. ¿Cuánto cuestan **estas/esas/aquellas** camisetas de manga corta de la estantería? (Ahí)
3. Me gustan **estos/esos/aquellos** bolígrafos de colores de allí. **Estos/Esos/Aquellos** son muy feos. (Aquí)
4. **Estos/Esos/Aquellos** zapatos de ahí son muy caros, pero **estos/esos/aquellos** de aquí son muy bonitos y baratos.
5. **Esta/Esa/Aquella** es la falda de mi cumpleaños. ¿A que es muy bonita? (Aquí)
6. Necesito **este/ese/aquel** bolso rojo para la fiesta, **este/ese/aquel** no es del color adecuado. (Ahí/aquí)

17 Elige el posesivo correcto en las siguientes frases.

1. Mi familia es grande, por eso **nuestra/nuestro/nuestras/nuestro** casa tiene muchas habitaciones.
2. Tu hermano y tú tenéis muchos primos. ¿Dónde viven **vuestras/vuestro/vuestra/vuestros** primos?
3. Sofía vive en un pueblo en la montaña. **Su/Sus/Mi/Mis** pueblo es precioso.
4. Tengo unas zapatillas nuevas. Me gustan **sus/tus/mis/mi** zapatillas.
5. Mis amigos tienen perros. **Sus/Su/Vuestros/Vuestro** perros son divertidos.
6. Tus vecinos no están, **su/vuestra/vuestro/sus** casa está cerrada.

18 Relaciona cada imagen con la frase correspondiente.

1. ☐ Amanda tiene muy buena relación con su hermana Marta. Están siempre juntas y hablan de sus cosas.
2. ☐ Juanjo tiene buena relación con sus compañeros y trabajan fenomenal juntos.
3. ☐ Ana a veces no tiene buena relación con su madre porque pasa mucho tiempo con su móvil.

19 Estás de vacaciones en España y vives con una familia española. Describe cómo es su físico y su carácter. Describe también cómo es tu relación con ellos.

....

....

....

....

....

....

....

20 Di si la foto coincide con la actividad del diseñador/a.

1. ☐ Manolo Blahnik

2. ☐ Carolina Herrera

3. ☐ Custo Dalmau

4. ☐ Narciso Rodríguez

21 ¿A qué diseñador pertenece la siguiente información? Elige la opción correcta.

1. **Sus líneas de maquillaje y perfumes también son muy conocidas.**
   a. Custo Dalmau b. Carolina Herrera c. Narciso Rodríguez d. Manolo Blahnik
2. **Es fundador de una de las marcas de zapatos más prestigiosa del mundo.**
   a. Custo Dalmau b. Carolina Herrera c. Narciso Rodríguez d. Manolo Blahnik
3. **Su producto estrella son las camisetas, pero actualmente tiene una línea completa de moda.**
   a. Custo Dalmau b. Carolina Herrera c. Narciso Rodríguez d. Manolo Blahnik
4. **Diseñó el vestido de Michelle Obama para la inauguración presidencial.**
   a. Custo Dalmau b. Carolina Herrera c. Narciso Rodríguez d. Manolo Blahnik

22 Lee el texto sobre la diseñadora española Ágatha Ruiz de la Prada y ordénalo.

☐ Su estilo se basa también en el concepto de *moda cómoda*, en la ecología y en su relación con el arte contemporáneo.

☐ Ha publicado libros propios y diseñado portadas de libros y discos. Tiene un gran prestigio internacional y es una de nuestras mejores representantes en el extranjero.

☐ un estilo divertido, optimista y atrevido en el que el color y el volumen son protagonistas.

☐ Ágatha Ruiz de la Prada y Sentmenat (Madrid, 22 de julio de 1960) es una diseñadora de moda y empresaria española. Se puede definir el estilo de Ágatha Ruiz de la Prada como un estilo muy propio y particular,

☐ Aparte de crear líneas de ropa, diseña otros artículos como zapatos, perfumes, relojes, ropa para el hogar, papelería y muebles decorados, medias, gafas, adornos para cocina…

Unidad 5 Igual que todos los días

Palabras

1 Escribe las horas que marcan estos relojes.

①  ....

②  ....

③  ....

④  ....

⑤  ....

⑥  ....

2 Ordena los días de la semana.

- ☐ martes
- ☐ domingo
- ☐ jueves
- ☐ lunes
- ☐ miércoles
- ☐ viernes
- ☐ sábado

3 Relaciona cada acción con su imagen correspondiente.

1. ☐ Ver la tele.
2. ☐ Levantarse.
3. ☐ Acostarse.
4. ☐ Trabajar.
5. ☐ Desayunar.
6. ☐ Ducharse.

A 

B 

C 

D 

E 

F 

4 Escucha a Pablo y decide si las frases son verdaderas o falsas.

[9]

1. Pablo normalmente trabaja por la mañana. .... V F
2. Pablo normalmente se acuesta a las 22:00 h. .... V F
3. Pablo trabaja por la noche. .... V F
4. La novia de Pablo no trabaja. .... V F
5. Los hermanos de Pablo van al gimnasio cuando terminan de cenar. .... V F

5 Completa las frases con la opción adecuada.

1. Siempre pongo la .... del móvil cuando me acuesto.
   a. alarma b. reloj c. tele
2. Prefiero hacer la .... por la tarde.
   a. café b. compra c. deporte
3. Cuando me levanto por la mañana ....
   a. ceno b. como c. desayuno
4. Me lavo los .... por la mañana y por la noche.
   a. libros b. música c. dientes
5. Luisa hace .... por la mañana.
   a. deporte b. cena c. trabajo
6. Normalmente no trabajo los fines de ....
   a. día b. meses c. semana

6 Clasifica estas expresiones en la categoría adecuada.

desayuno | Hacer la compra. | Salir con amigos. | Coger el metro. | Dar un paseo. | comida
Ir a clase. | cena | Organizar un viaje. | merienda | Cenar fuera | Hacer la cama.

Acciones cotidianas	Comidas del día	Actividades de tiempo libre

7 Marca el intruso.

1. a. ☐ Lavarse los dientes.
   b. ☐ Ducharse.
   c. ☐ Ir al cine.
   d. ☐ Acostarse.
2. a. ☐ Escuchar música.
   b. ☐ Terminar de trabajar.
   c. ☐ Leer una novela.
   d. ☐ Practicar deporte.
3. a. ☐ Salir de casa temprano.
   b. ☐ Ir a la oficina.
   c. ☐ Levantarse tarde.
   d. ☐ Poner la alarma.
4. a. ☐ Reservar un hotel.
   b. ☐ Ir a la playa.
   c. ☐ Visitar monumentos.
   d. ☐ Estudiar.
5. a. ☐ Ir de compras.
   b. ☐ Hacer los deberes.
   c. ☐ Hacer un examen.
   d. ☐ Corregir los ejercicios.
6. a. ☐ Ver la tele.
   b. ☐ Tener una reunión.
   c. ☐ Ir al gimnasio.
   d. ☐ Jugar a la videoconsola.

8 Ordena las palabras y forma frases con sentido.

1. El/de/tiendas/es/a/9:00/de/20:00 h./horario/las ....
2. los/comerciales/de/la/centros/abren/Los/todos/días/semana.
   ....
3. ¿Desayunas/casa/normalmente?/en ....
4. te/hora/qué/¿A/levantas? ....
5. prepara/la/tu/¿Quién/cena/casa?/en ....
6. horario/¿Qué/de/tienes?/trabajo ....

9 Relaciona las preguntas con las respuestas.

1. ¿Con qué frecuencia haces deporte?
2. ¿A qué hora te levantas de lunes a viernes?
3. ¿Usas el transporte público?
4. ¿A qué hora te levantas los fines de semana?
5. ¿Qué hora es?

a. Generalmente no.
b. Normalmente a las nueve o a las diez.
c. Son las siete.
d. Tres veces a la semana.
e. A las siete.

Gramática

10 Escucha y relaciona con las imágenes.

[10]

1. ☐ 2. ☐ 3. ☐ 4. ☐

11 Escribe el verbo en presente de indicativo en la persona indicada.

1. empezar, ella › ....
2. salir, nosotros › ....
3. pedir, yo › ....
4. jugar, tú › ....
5. acostarse, nosotras › ....
6. hacer, yo › ....
7. dormir, vosotras › ....
8. querer, ellos › ....
9. poder, él › ....
10. volver, nosotros › ....

12 Escribe el infinitivo de estas formas irregulares y clasifícalas en su grupo correspondiente.

~~conduzco~~ | veo | quepo | vengo | salgo | pongo | caigo | tengo | traduzco | doy | ofrezco | oigo | traigo | conozco | valgo | nazco | estoy | digo

Verbos con irregularidad en la 1.ª persona			Verbos con doble irregularidad
c › zc	-go	Otros verbos	
conducir › conduzco			

13 Completa las frases con el pronombre reflexivo adecuado: *me, te, se, nos, os, se.*

1. Isaac y yo .... levantamos a las 7:00 h.
2. ¿A qué hora .... acuesta tu marido?
3. ¿Cuándo .... vistes? ¿Antes o después de desayunar?
4. Siempre .... lavo los dientes antes de acostarme.
5. Mis hermanos .... duchan en el baño de la segunda planta.
6. ¿Cómo .... apellidáis tu hermana y tú?

14 Elige la opción adecuada para cada verbo.

1. **Salir...**
   a. casa
   b. de casa
   c. a casa
2. **Hacer...**
   a. una *pizza*.
   b. la escuela.
   c. el gimnasio.
3. **Dar...**
   a. la oficina.
   b. el parque.
   c. un paseo.
4. **Contar...**
   a. un cuento.
   b. una casa.
   c. una oficina.
5. **Jugar...**
   a. música.
   b. un partido.
   c. la guitarra.
6. **Leer...**
   a. el desayuno.
   b. una flor.
   c. un libro.
7. **Preparar...**
   a. un café.
   b. fiesta.
   c. desayuno.
8. **Tomar...**
   a. una cama.
   b. un café.
   c. a la cafetería.

15 Señala la persona y el infinitivo de los siguientes verbos irregulares conjugados.

Verbo conjugado	Persona	Infinitivo	Verbo conjugado	Persona	Infinitivo
1. pedís	*vosotros/as*	*pedir*	9. os vestís		
2. sientes			10. elijo		
3. se divierten			11. prueban		
4. comenzamos			12. sirvo		
5. puede			13. vuelan		
6. entiendo			14. cierran		
7. mides			15. juegan		
8. cuenta			16. piensas		

16 Completa las frases con los verbos conjugados en presente de indicativo.

1. Mi hermano .... (jugar) en el equipo de baloncesto de la escuela.
2. Luis y José .... (dormir) en la habitación de la segunda planta.
3. .... (Preferir) trabajar con mis compañeros.
4. Marián y yo .... (corregir) exámenes oficiales.
5. Los niños .... (volver) a casa en autobús.
6. Nunca .... (cerrar) la puerta de mi habitación para dormir.
7. Ana, ¿............................ (querer) tomar un café?
8. Mis compañeros y yo siempre .... (pedir) permiso para ir al baño.

17 Completa el texto con los verbos que tienes a continuación conjugándolos en presente de indicativo.

medir | dormir | querer | cerrar | vivir | poder | ser | jugar | tener | preferir | divertirse | vestir

Marta, Rosa y Nieves son hermanas. Las tres [1] .... juntas en la capital. Marta es la más alta, [2] .... 1,80 y [3] .... al baloncesto. Además, estudia varios idiomas porque [4] .... ser azafata. Rosa, que [5] .... la mayor, es diseñadora de moda; [6] .... sobre todo a mujeres porque [7] .... diseñar ropa femenina. Nieves, la pequeña, quiere estudiar Farmacia para tener algún día una de esas que nunca [8] ...., de las que están abiertas las 24 horas. A veces estudia por la noche y [9] .... por el día. Las tres hermanas [10] .... mucho los fines de semana. Salen juntas o con sus amigos a cenar, a tomar algo o a bailar. Cuando [11] .... tiempo, visitan a sus padres, que viven en otra ciudad, cerca del mar. Les gusta mucho ir, sobre todo en verano, porque [12] .... ir a la playa.

18 Marca las afirmaciones correctas con respecto a la imagen.

1. ☐ Trabajan en una oficina.
2. ☐ A veces trabajan por la mañana, a veces por la tarde y a veces por la noche.
3. ☐ Generalmente llevan una bata.
4. ☐ Normalmente no hablan con mucha gente.
5. ☐ Se lavan las manos muchas veces al día.
6. ☐ Normalmente no les gusta su trabajo.

19 Clasifica las expresiones en su categoría.

todas las noches | por la tarde | por la noche | primero | antes | todas las tardes | todos los días | después

Para expresar frecuencia	Para ordenar las acciones en el tiempo	Para referirse a una parte del día

20 Completa este texto con los verbos conjugados en presente de indicativo.

Hola, [1] .... (llamarse) Ana y [2] .... (tener) 35 años. [3] .... (Vivir) con mi marido Alfredo en Madrid y [4] .... (trabajar) como profesora en una escuela de idiomas. Mi horario no [5] .... (ser) muy regular y Alfredo tampoco [6] .... (tener) un horario estable porque es médico.

Normalmente [7] .... (trabajar, yo) por las mañanas; [8] .... (empezar) a las 9:30 h, pero a veces también [9] .... (tener) clases por las tardes y [10] .... (terminar, yo) a las 10 de la noche. Cuando trabajo por las mañanas [11] .... (salir) de casa a las 8:00 h, porque casi siempre [12] .... (ir) a la escuela a pie. Todos los profesores y estudiantes [13] .... (hacer) una pausa de 30 minutos a las 12 del mediodía. Después, a las 12:30 h, todos [14] .... (volver) a clase hasta las 14:00 h. A veces como en la escuela, pero casi siempre [15] .... (llegar) a casa y [16] .... (hacer) la comida. Y una o dos veces a la semana [17] .... (llamar) por teléfono y [18] .... (pedir) una *pizza*. Alfredo nunca come en casa, pero siempre prepara la cena para los dos.

Todos los sábados por la mañana mi marido y yo [19] .... (ir) al supermercado para hacer la compra de la semana. El resto del finde [20] .... (hacer) deporte, [21] .... (pasear) y dos o tres veces al año [22] .... (organizar) un viaje.

21 Vuelve a leer el texto y di si las siguientes afirmaciones son verdaderas o falsas. Luego corrige las falsas.

1. Ana trabaja en un hospital. .... V F
2. Ana trabaja todos los días por las mañanas. .... V F
3. Ana come en casa todos los días. .... V F
4. Ana hace un descanso de 12 a 12:30. .... V F
5. Ana normalmente va al trabajo en autobús. .... V F
6. Alfredo y Ana nunca hacen actividades juntos. .... V F
7. Alfredo cocina todas las noches. .... V F
8. Ana y Alfredo viajan varias veces al año. .... V F

....
....
....
....

22 ¿Qué haces en un día normal en tu vida? Escribe tu rutina diaria.

....
....
....
....

Cultura

23 Indica qué afirmaciones son verdaderas o falsas.

1. Una de las comidas más importante del día es la merienda. ...... V F
2. Los menores de 30 años normalmente comen y cenan viendo la televisión. ...... V F
3. Los estudiantes son los que menos desayunan. ...... V F
4. Los fines de semana muchos españoles aprovechan para comer tranquilamente en casa. ...... V F
5. De lunes a viernes los españoles quedan fuera de casa para comer con algún amigo. ...... V F
6. Los horarios de comidas en España son diferentes a los de otros países: todo se hace más tarde. ...... V F

....

....

....

....

24 Lee esta entrada de blog y completa las frases con la opción correcta.

Vivesano, Madrid, 22:10 pm

Los españoles, en general, tienen fama de comer bien, es verdad, pero comer bien no significa solamente comer buenos alimentos: también incluye otros hábitos como medir las cantidades y los horarios.

A los españoles les encanta celebrar todo con comida en abundancia, especialmente con cenas: en Navidad, en los cumpleaños, aniversarios...

Los españoles también son diferentes del resto de sus vecinos europeos porque casi todos los días cenan entre las 9 y las 11 de la noche. ¡Y eso que los doctores insisten en que no es recomendable cenar tan tarde! Además, cenar más tarde implica acostarse más tarde y dormir menos horas o acostarse con el estómago lleno de comida, pero...

Perdón, queridos lectores, me despido de vosotros porque llega mi mujer del gimnasio y... ¡trae una *pizza*! 😁

1. **Para Vivesano los españoles son diferentes a los otros europeos porque...**
   a. celebran todo con comida.
   b. cenan muy pronto.
   c. tienen unos hábitos alimenticios perfectos.
2. **Vivesano piensa que comer bien es...**
   a. comer buena comida en grandes cantidades.
   b. comer poca comida.
   c. tener buenos hábitos y comer buenos alimentos.
3. **Vivesano...**
   a. es crítico con los españoles, por eso cena temprano.
   b. es crítico con los españoles, pero tiene hábitos españoles.
   c. cree que el hábito de cenar tarde no es perjudicial.
4. **Vivesano escribe su artículo...**
   a. después de cenar.
   b. cuando está cenando.
   c. antes de cenar.

Unidad 6 No me gusta, ¡me encanta!

Palabras

1 Relaciona los lugares con las actividades que se realizan allí.

1. museo	a. Practicar deporte.
2. auditorio	b. Ver un partido.
3. teatro	c. Ver una exposición.
4. parque	d. Ver un espectáculo de danza.
5. estadio	e. Escuchar un concierto.

2 Marca las palabras que usamos con el verbo *hacer*.

1. ☐ fotos	4. ☐ deporte
2. ☐ senderismo	5. ☐ un paseo
3. ☐ en bicicleta	6. ☐ un museo

3 Coloca estos platos en el menú del día, según corresponda. Puedes usar el diccionario.

Fruta | Sopa de pescado | Gazpacho | Chuletas de cordero con patatas | Fritura de pescado | Tarta de la casa | Ensalada mixta | Helado variado | Tortilla de atún

MENÚ

PRIMER PLATO
- [1] ....
- [2] ....
- [3] ....

SEGUNDO PLATO
- [4] ....
- [5] ....
- [6] ....

POSTRE
- [7] ....
- [8] ....
- [9] ....

(Pan, agua y bebida incluidos).

11,50€

4 Elige el nombre correcto de cada lugar de Bilbao.

1. Auditorio	Arrietara	Guggenheim	Mitxelena	San Mamés	Doña Casilda	Arriaga
2. Parque de	Arrietara	Guggenheim	Mitxelena	San Mamés	Doña Casilda	Arriaga
3. Museo	Arrietara	Guggenheim	Mitxelena	San Mamés	Doña Casilda	Arriaga
4. Playa de	Arrietara	Guggenheim	Mitxelena	San Mamés	Doña Casilda	Arriaga
5. Estadio de	Arrietara	Guggenheim	Mitxelena	San Mamés	Doña Casilda	Arriaga
6. Teatro	Arrietara	Guggenheim	Mitxelena	San Mamés	Doña Casilda	Arriaga

5 Marca las actividades correctas.

1. ¿Qué podemos hacer en un restaurante o bar?
   a. Ir a la playa.
   b. Beber algo.
   c. Tomar pinchos.
   d. Ver monumentos.
   e. Practicar escalada.

2. ¿Qué podemos hacer en la playa?
   a. Jugar al voleibol.
   b. Escuchar un concierto.
   c. Pasear.
   d. Ver una exposición.
   e. Hacer surf.

6 Escribe la palabra correcta.

1. Lugar donde puedo tomar el sol en la arena, pasear y jugar al voleibol: ....
2. Lugar donde puedo ver una exposición: ....
3. Los puedo pedir en un bar para comer. Típicos en Bilbao: ....
4. Voy al estadio de fútbol para ver un ....
5. Espectáculo de música en directo: ....
6. Lugar donde voy para comer. Más grande que un bar: ....

7 Relaciona las frases correctamente

1. Hacer
2. Ir
3. Jugar al
4. Tomar
5. Pasear por

a. de compras.
b. la playa.
c. el sol.
d. fotos.
e. baloncesto.

8 Lee el texto y marca verdadero o falso.

Os voy a contar la oferta de ocio de mi ciudad. Si te interesa el arte, hay muchos museos donde puedes ver exposiciones. Y no es la única actividad cultural que puedes hacer: también hay un teatro importante en el que tocan orquestas de todo el mundo. A mí me gusta mucho la música, por eso voy a muchos conciertos. En cuanto al deporte, en mi ciudad hay dos equipos de fútbol muy buenos; cada uno tiene su estadio, aunque son un poco pequeños y es difícil conseguir entradas. Y mucha gente juega al voleibol en la playa; es un deporte muy practicado en verano. Los fines de semana me gusta ir a la playa por la mañana para pasear; no me gusta tomar el sol porque me parece muy aburrido y además es malo para la piel. Como veis, hay muchas actividades que hacer aquí en el tiempo libre.

1. Hay un único museo en la ciudad. .... V F
2. En el teatro solo actúan orquestas nacionales. .... V F
3. Hay dos equipos de fútbol en la ciudad. .... V F
4. Los estadios son enormes. .... V F
5. La ciudad donde vive es muy entretenida. .... V F

8a Corrige la información falsa de la actividad anterior.

....

....

....

9 Completa las frases ordenando las letras de los globos.

1. En el museo podemos ver una ó p i s o n i c e x ....
2. Podemos escuchar un concierto en el t i o r o d a u i ....
3. Me gusta ir de m p r s c a o .... al centro comercial.
4. El Puente Colgante de Vizcaya es Patrimonio de la H d d u m i a n a ....
5. Si queremos ver una película, tenemos que ir al n i c e ....

10 Escribe qué puedes hacer en tu ciudad en tu tiempo libre.

Actividades culturales ....

....

....

Actividades al aire libre ....

....

Deporte ....

....

Comidas y bebidas ....

....

Gramática

11 Relaciona.

1. Expresar gustos.
2. Expresar intereses.
3. Expresar gustos en grado máximo.

a. Me interesa.
b. Me encanta.
c. Me gusta.

12 Completa las frases.

1. Me interesan mucho ....
2. Nos encanta ....
3. A Juan le gustan ....

13 Completa el cuadro con las palabras que faltan.

(a mí)		[3]	gusta	
([1] ....)		te	encanta	+ [7] ..../ nombre singular
(a él, ella, [2] ....)	(no)	le	interesa	
(a nosotros/as)		nos	gustan	
(a vosotros/as)		[4]	encantan	+ nombre plural
(a ellos, ellas, ustedes)		[5]	[6]	

14 Completa con la forma correcta del verbo *gustar*.

1. No me .... nada levantarme temprano para ir a la playa.
2. ¿Os .... las redes sociales?
3. A mi madre no le .... tomar el sol durante mucho tiempo.
4. Mario, ¿qué te .... más?, ¿ir de excursión o a la piscina del hotel?
5. ¿A ustedes les .... las vacaciones organizadas?
6. A mí no me .... los móviles con muchas aplicaciones.

15 Ordena las palabras y usa el pronombre de objeto indirecto que se indica para formar frases con sentido.

1. gusta/fútbol/al/jugar (a ella) ....
2. videojuegos/encantan/los (a ti) ....
3. interesa/lengua/la/española (a mí) ....
4. submarinismo/hacer/gusta (a vosotros) ....
5. excursión/ir/encanta/de (a Felipe) ....
6. la/interesa/ópera/mucho (a sus padres) ....

16 Relaciona la imagen con la frase correspondiente.

1 ☐ 

2 ☐ 

3 ☐ 

4 ☐ 

5 ☐ 

a. Me gusta mucho dibujar.
b. Odio cocinar.
c. No me gusta mucho la tortilla.
d. No me gusta nada el chocolate.
e. Me encantan los dulces.

El verbo ***odiar*** expresa el grado máximo de desagrado. No comparte la construcción gramatical especial de los verbos ***gustar*** y ***encantar***. Es un verbo regular que se conjuga así:

(Yo) ***Odio*** *las espinacas.*
(Tú) ***Odias*** *las películas románticas.*
(Él, ella, usted) ***Odia*** *salir de compras.*
(Nosotros/as) ***Odiamos*** *llegar tarde.*
(Vosotros/as) ***Odiáis*** *madrugar.*
(Ellos, ellas, ustedes) ***Odian*** *cenar tan tarde.*

17 Escucha y marca quién dice estas frases.

[11]

	Julia	José
1. Le gusta mucho el teatro.	☐	☐
2. Le interesan los deportes.	☐	☐
3. Le gusta ver películas, pero no le gusta mucho ir al cine.	☐	☐
4. No le gustan mucho las series.	☐	☐
5. No le gustan nada las palomitas.	☐	☐
6. Le gusta ir al cine con amigos.	☐	☐

18 Elige la opción correcta para completar los diálogos.

1. ▶ Yo trabajo los sábados por la mañana.
   ▷ **Yo también./A mí también.**
2. ▶ Me encanta la ópera.
   ▷ **Yo también./A mí también.**
3. ▶ No me interesa el fútbol.
   ▷ **A mí también./A mí tampoco.**
4. ▶ No tengo tarjeta de crédito.
   ▷ **Yo no./Yo sí.**
5. ▶ Me gusta desayunar rosquillas.
   ▷ **A mí sí./A mí también.**
6. ▶ Yo odio el fútbol.
   ▷ **Yo también./A mí tampoco.**

19 Busca en internet o en el periódico actividades de las siguientes categorías que se celebran en estos días en tu ciudad o región para completar la información.

Música	Deporte	Teatro, cine y danza	Museos y salas de exposiciones
¿Qué?	¿Qué?	¿Qué?	¿Qué? ....
Lugar:	Lugar:	Lugar:	Lugar: ....
Fecha y hora:	Fecha y hora:	Fecha y hora:	Fecha y hora: ....

19a Lee el texto y decide cuáles de las actividades que has encontrado se adaptan mejor a los gustos de los miembros de esta familia.

A mi madre le encanta el cine clásico, las películas en blanco y negro, pero no le gusta verlas en casa, prefiere ir al cine y verlas en versión original. Como es profesora de inglés, no tiene problemas para comprender las películas americanas. También le gusta bastante la música. A veces va con mi hermana Teresa a conciertos, sobre todo cuando son de *jazz*. Teresa estudia piano, por eso le interesan mucho los conciertos, especialmente los de música clásica. También le gusta el cine, pero prefiere ver películas actuales. A mi padre le encantan los deportes; siempre que puede va a ver partidos de fútbol, de tenis o de baloncesto. También le gusta practicar deporte, pero solo correr y nadar. A mi hermano Pedro no le interesan demasiado los deportes. A él le gusta ir a museos y exposiciones de arte moderno o antiguo. Cuando va a exposiciones fotográficas, mi hermana lo acompaña porque le gusta mucho la fotografía.

Madre	Padre	Hermana	Hermano

20 [12] Escucha a una pareja en un restaurante y marca qué piden.

Menú del día

Primer plato	Segundo plato	Postre
Paella de marisco	Salmón a la plancha	Flan casero
Crema de verduras	Pollo asado	Arroz con leche casero
Gazpacho	Entrecot de ternera	Tarta de queso
Macarrones con tomate	Hamburguesa especial	Piña

Precio: 14 euros.
Pan, bebida y café incluidos.

21 Escribe la forma correcta de los verbos *gustar*, *encantar* e *interesar*.

A mí [1] .... (encantar) la comida rápida, [2] .... (gustar) las *pizzas* especialmente, pero las hamburguesas también. A mis padres ese tipo de comida no [3] .... (interesar). Siempre dicen que lo mejor es la comida hecha en casa, la comida casera.

A mi hermana también [4] .... (gustar) la comida rápida pero no tanto como a mí, porque a ella también [5] .... (interesar) probar otro tipo de alimentos. Pero a los dos [6] .... (encantar) los platos que preparan nuestros padres en casa.

22 Escribe las preguntas y las respuestas según el modelo. Presta atención a los emoticonos para la respuesta.

1. A ti./La última película de Harry Potter.
   ▶ *¿Te gusta la última película de Harry Potter?*
   ▷ *Sí, me gusta mucho./Sí, me encanta.*
2. A vosotros./Los museos.
   ....
   ....
3. A tu hermana./Levantarse temprano.
   ....
   ....
4. A tus amigos./Montar en bicicleta.
   ....
   ....
5. A ti./Hacer fotos con el móvil.
   ....
   ....
6. A ustedes/Los animales domésticos.
   ....
   ....

23 Lee el diálogo y marca si las siguientes afirmaciones son verdaderas o falsas.

Entrevistadora: Perdona, estoy haciendo una encuesta sobre el consumo de comida rápida. ¿Me puedes responder a unas preguntas? Es muy rápido.
Ana: Vale, sin problema. No tengo prisa.
Entrevistadora: ¿Con qué frecuencia consumes comida rápida?
Ana: Una vez a la semana. Normalmente los fines de semana si salgo con amigas y cenamos fuera, porque es lo más económico.
Entrevistadora: ¿Dónde tomas normalmente comida rápida?
Ana: En alguna hamburguesería, me gustan todas.
Entrevistadora: ¿Qué opinas de la comida rápida?
Ana: Me gusta de vez en cuando, pero no me encanta.
Entrevistadora: ¿Cuánto dinero sueles gastar cuando vas a este tipo de restaurante?
Ana: Entre 10 y 15 euros, a veces menos.
Entrevistadora: Pues eso es todo. Muchas gracias por colaborar.
Ana: De nada. Adiós.

1. Ana no tiene mucho tiempo para responder a las preguntas. .... V F
2. Suele comer comida rápida los sábados o los domingos. .... V F
3. Tiene una hamburguesería favorita. .... V F
4. Va a esos restaurantes porque son más baratos. .... V F
5. Le gusta mucho la comida rápida. .... V F
6. En ocasiones gasta menos de 10 euros en esos restaurantes. .... V F

24 ¿Sabes cómo se llaman estas tapas? Relaciona cada nombre con su imagen correspondiente.

a. boquerones | b. gambas al ajillo | c. croquetas | d. chipirones | e. bígaros | f. buñuelos de bacalao

1 ☐

2 ☐

3 ☐

4 ☐

5 ☐

6 ☐

25 Forma el nombre completo de estas tapas.

1. huevos	bravas	de Padrón	de patatas	a la gallega	estrellados	ibérico
2. patatas	bravas	de Padrón	de patatas	a la gallega	estrellados	ibérico
3. pulpo	bravas	de Padrón	de patatas	a la gallega	estrellados	ibérico
4. jamón	bravas	de Padrón	de patatas	a la gallega	estrellados	ibérico
5. tortilla	bravas	de Padrón	de patatas	a la gallega	estrellados	ibérico
6. pimientos	bravas	de Padrón	de patatas	a la gallega	estrellados	ibérico

26 ¿Son verdaderas o falsas las siguientes afirmaciones sobre las tapas?

1. En algunas ciudades las tapas son gratuitas. .... V F
2. La tapa de mayor tamaño para compartir se llama *ración*. .... V F
3. En el norte las tapas se llaman *pinchos* y son gratuitos. .... V F
4. El pulpo es un plato típico de Madrid. .... V F
5. Las patatas bravas son picantes. .... V F
6. Los huevos estrellados son huevos cocidos con patatas. .... V F
7. Los pimientos de Padrón siempre pican. .... V F
8. Las croquetas se fríen en aceite. .... V F

Palabras

1 Escribe el nombre de cada objeto.

1 

2 

3 

4 

5 

6 

7 

8 

9 

10 

11 

12 

2 [13] Escucha la conversación entre Andrés y su amiga Clara y elige las opciones correctas a las siguientes preguntas.

1. ¿Qué va a hacer Andrés el fin de semana?
   Va a hacer senderismo./Va a bañarse en Rascafría./Va a hacer la ruta de la Cascada del Purgatorio./Va a escalar una montaña.
2. ¿Qué necesita Clara para esta actividad?
   Chanclas./Protector solar./Un impermeable./Botas de montaña./Una gorra.
3. ¿Qué necesita Clara para disfrutar de las vistas?
   Una linterna./Unos prismáticos./Una cámara fotográfica./Unas gafas de sol.

3 Imagina que estás con un/a amigo/a. Escribe un diálogo sobre las cosas que vas a hacer este fin de semana: dónde quieres ir, qué actividades vas a hacer, qué tienes que llevar, etc.

4 ¿Cuáles de las siguientes actividades haces en clase, en casa o en ambos sitios para mejorar tu español?

	En clase	En casa	Ambos
1. Trabajar en parejas.	☐	☐	☐
2. Escribir mensajes en las redes sociales.	☐	☐	☐
3. Estudiar gramática y vocabulario por internet.	☐	☐	☐
4. Escribir tu diario.	☐	☐	☐
5. Hablar por Skype con mis amigos del mundo.	☐	☐	☐
6. Hacer deberes.	☐	☐	☐
7. Buscar palabras en el diccionario.	☐	☐	☐

	En clase	En casa	Ambos
8. Escuchar canciones en español.	☐	☐	☐
9. Hacer intercambio de idiomas.	☐	☐	☐
10. Repasar el tema nuevo.	☐	☐	☐
11. Hacer actividades interactivas en el ordenador.	☐	☐	☐
12. Hacer exámenes.	☐	☐	☐
13. Leer libros.	☐	☐	☐
14. Escuchar audiciones.	☐	☐	☐
15. Hablar con mis compañeros.	☐	☐	☐

5 Relaciona las siguientes palabras y expresiones con su verbo correspondiente.

1. música | **2.** información en internet | **3.** solo | **4.** intercambio de idiomas | **5.** la lección | **6.** audios | **7.** un diario | **8.** deberes | **9.** en grupo | **10.** un libro | **11.** mensajes en redes sociales | **12.** dudas en una gramática | **13.** actividades interactivas | **14.** palabras en el diccionario | **15.** canciones | **16.** cartas | **17.** revistas | **18.** en parejas

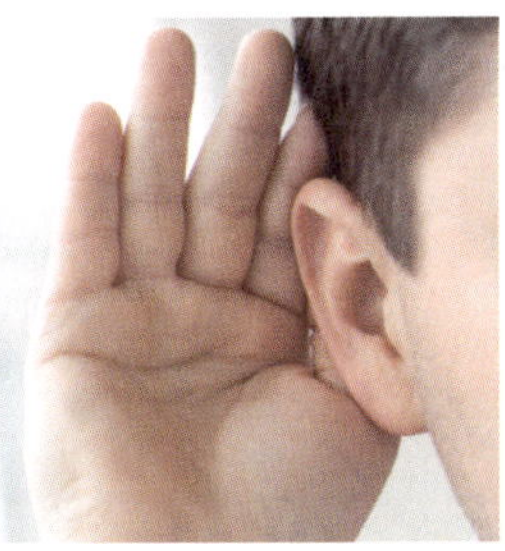

Escuchar 1, ...

Escribir ....

Leer ....

Buscar ....

Hacer ....

Trabajar ....

6 Alberto quiere mejorar su segunda lengua. Completa las frases eligiendo la expresión correcta.

1. **Puedes/Tienen que/Hay que** buscar un intercambio nativo para hablar más fuera de la clase.
2. **Puedes/Hay que/Necesitas** un libro de gramática para profundizar en las reglas.
3. En general, **hay que /tengo que/necesito** elegir una escuela con una buena metodología.
4. Tú, que ya has estudiado muchos años, **hay que/tienes que/pueden** ver películas en versión original.
5. Si es posible **tengo que/hay que/necesito** vivir un tiempo en un país donde hablen la lengua que se quiere aprender.
6. Eres muy impaciente, Alberto, pero **tienes que/necesitan/pueden** ser constante en tu estudio, hablar una nueva lengua es un proceso largo.

Gramática

7 Escribe los planes de Álvaro para este verano utilizando los siguientes verbos:, *hacer, escalar, ir, quedar* y *montar.*

1. *Va a* ....

2. ....

3. ....

4. ....

5. ....

6. ....

7a Marca qué tiene que hacer Álvaro para organizar su verano, teniendo en cuenta la actividad anterior.

1. ☐ Tiene que buscar una ruta bonita para hacer senderismo.
2. ☐ Tienen que trabajar en un restaurante.
3. ☐ Tiene que preparar un equipo de escalada.
4. ☐ Tiene que comprar las entradas para el concierto.
5. ☐ Tiene que elegir un lago para hacer piragüismo.
6. ☐ Tiene que visitar a sus abuelos.
7. ☐ Tiene que acondicionar su tienda de campaña.
8. ☐ Tiene que leer una novela.
9. ☐ Tiene que llamar a sus amigos.

8 Estos son los amigos de Álvaro. Observa las imágenes con sus deseos y marca las frases correctas. Corrige las frases incorrectas.

1. ☐ Luis **quiere viajar** a Tailandia.

2. ☐ Julián **quiere tocar** rock en París.

3. ☐ Nerea **quiere recorrer** la selva en Perú.

4. ☐ María **quiere ser** cocinera.

5. ☐ Manuel **quiere enseñar** en una universidad.

6. ☐ Francisca **quiere vivir** en un pueblo.

9 El próximo mes, Elena va a ir a vivir a una nueva ciudad y está muy ilusionada con sus planes. Ordena lo que piensa hacer.

- [ ] a. Piensa comprar muebles y plantas para decorarlo.
- [ ] b. Piensa hacer una fiesta para inaugurar el apartamento.
- [ ] c. Piensa invitar a todos sus amigos.
- [ ] d. Piensa vivir en el centro.
- [ ] e. Piensa comprar bebida y comida para la fiesta.
- [ ] f. Piensa buscar un apartamento en internet.

10 Antes de cambiar de ciudad, hay que hacer muchas cosas. Escucha las recomendaciones que le da Sofía a Elena y anótalas.

[14]

1. Hay .... plan .... detallado.
2. .... buscar .... nueva ....
3. .... un apartamento bien ....
4. Hay que .... una ....
5. .... hacer las ....
6. .... organizar una gran ....

11 Lee las siguientes frases y di si son verdaderas o falsas.

1. Para proponer y sugerir planes puedo utilizar la expresión: *¿Te apetece venir al parque conmigo esta tarde?* .... V F
2. Para aceptar una propuesta o invitación puedo utilizar la expresión: *Sí, claro, ¿por qué no?* .... V F
3. Para preguntar por planes e intenciones puedo utilizar la expresión: *¿Vas a ir a comer con tu madre mañana?* .... V F
4. Para rechazar una propuesta o invitación puedo utilizar la expresión: *Vale, de acuerdo.* ..... V F

1 ☐

2 ☐

3 ☐

12 Relaciona los diálogos con las situaciones que representan las imágenes.

a. ▶ ¿Vas a venir con nosotros a la playa este verano?
▷ No lo sé, tengo que visitar a mis abuelos. ¿Cuándo vais?
▶ Queremos ir una semana en julio.
▷ Bueno, vale, a ver si puedo organizarme para hacer los dos viajes.

b. ▶ ¿Hacéis algo mañana?
▷ No, no tenemos planes, ¿por?
▶ ¿Os apetece salir a cenar? Hay un restaurante nuevo cerca de mi trabajo que dicen que está muy bien.
▷ ¿Qué tipo de comida es?
▶ Comida japonesa: tempura, *ramen, sushi...*
▷ Lo siento, pero es que a Mario no le gusta.

c. ▶ ¿Te apetece ver la nueva película de Álex de la Iglesia?
▷ Sí, creo que está muy bien, ¿no?
▶ Sí, eso dicen. Entonces, ¿vamos al cine el domingo por la tarde?
▷ De acuerdo.

13 Decide en cada caso el uso de las preposiciones *por* y *para*. Antes, lee el cuadro de la derecha para conocer dos nuevos usos de estas preposiciones.

1. ¿Están mis gafas por el escritorio?
   a. lugar aproximado b. medio c. causa
2. Para Gustavo, la música clásica es la mejor.
   a. causa b. opinión c. finalidad
3. José está contento por la noticia.
   a. destinatario b. causa c. medio
4. Este tren no va para el norte.
   a. dirección b. medio c. finalidad
5. El trabajo de Lengua es para mañana.
   a. plazo de tiempo b. dirección c. límite en el tiempo
6. Siempre nos avisan por escrito.
   a. causa b. plazo de tiempo c. medio

- La preposición ***por*** se usa también para expresar el **medio** de transporte, comunicación o transmisión de algo:

  *Todas las noches hablamos **por** teléfono.*

- La preposición ***para*** se usa también para expresar **opinión**:

  ***Para** mí, el español es una lengua muy interesante.*

14 Completa con *por* o *para*.

1. Juana estudia árabe .... trabajar como diplomática.
2. Quieren cancelar el concierto .... la salud del cantante.
3. Marcos y Manuel quieren hacer un viaje .... Marruecos.
4. Las cortinas son .... decorar el salón.
5. Normalmente comunican la respuesta .... correo electrónico.
6. Después de clase me voy .... casa.

15 Escribe estas frases en los usos adecuados de *por* y *para* que aparecen en la tabla.

a. Esa mesa es para comer.
b. El examen es por la mañana.
c. ¿Por dónde está el gimnasio?
d. ¿Vas para el centro?
e. Javi está muy preocupado por los exámenes.
f. Para mi padre, esta casa es muy pequeña.
g. Nos comunicamos por WhatsApp.
h. ¿Para cuándo son los deberes?

Por	Para
1. Lugar aproximado:	1. Dirección: ....
2. Causa:	2. Finalidad: ....
3. Parte del día:	3. Plazo de tiempo: ....
4. Medio:	4. Opinión: ....

16 Relaciona las frases y compara sus significados.

1. Muchas gracias
2. Los móviles sirven
3. Está muy cansado
4. Hace yoga
5. Rosa trabaja
6. Rosa tiene que terminar su trabajo

a. por no dormir bien.
b. para dormir bien.
c. para todo.
d. por la mañana.
e. por todo.
f. para mañana.

Cultura

17 Relaciona el nombre de estos animales que puedes encontrar en el parque natural Canaima con su imagen correspondiente.

a. rana negra de Roraima | b. oso hormiguero | c. nutria | d. colibrí | e. puma | f. anaconda

1 ☐

2 ☐

3 ☐

4 ☐

5 ☐

6 ☐

18 Marca la información incorrecta.

1. ¿Qué información general conoces del parque nacional de Canaima?
   a. Está en el estado de Amazonas.
   b. Tiene una superficie de 30 000 km^2.
   c. Es el sexto parque nacional del mundo.
2. ¿Qué puedes ver en el parque?
   a. Tepuyes.
   b. El Salto del Ángel.
   c. Río Grande.
3. ¿Qué tienes que conocer si visitas el parque?
   a. Las plantas carnívoras.
   b. El Balneario Las Grutas en la provincia de Río Negro.
   c. Las piscinas naturales en el monte Roraima.

19 Elige uno de estos parques nacionales: parque nacional Galápagos, parque nacional de Tortuguero o parque nacional Los Glaciares. Completa la ficha con la información que recuerdas.

Localización

....

Extensión

....

Qué ver

Flora: ....

....

Fauna: ....

....

No te puedes ir sin conocer

....

....

....

....

Unidad 8 Cuídate mucho

Palabras

1 Relaciona cada parte del cuerpo con su nombre correspondiente. Si no conoces alguna palabra, usa el diccionario.

1. ☐ brazo
2. ☐ cuello
3. ☐ cabeza
4. ☐ mano
5. ☐ pierna
6. ☐ pie
7. ☐ rodilla
8. ☐ estómago
9. ☐ pecho
10. ☐ espalda

2 Señala en qué parte del cuerpo está cada órgano. Si no conoces alguna palabra, usa el diccionario.

1. **cara:** a. cabeza b. espalda c. barriga
2. **labios:** a. cara b. pecho c. brazo
3. **dedos:** a. cara b. espalda c. manos
4. **oreja:** a. pie b. cabeza c. cuello
5. **boca:** a. cara b. espalda c. tripa
6. **muelas:** a. cuello b. cara c. boca
7. **nariz:** a. brazo b. espalda c. cara
8. **codo:** a. brazo b. cara c. pie

3 Ordena las letras y forma palabras relacionadas con las comidas.

1. En las pausas del trabajo, normalmente como una i l o c o t n a a h c ...., ¡necesito dulce!
2. Por la mañana, siempre me tomo un m u z o .... de naranja.
3. No es muy conveniente beber demasiados s o c f e r s r e ...., tienen gas y mucho azúcar.
4. ¿Quieres una a t e g l l a .... de chocolate? ¡Están buenísimas!
5. Los médicos no recomiendan comer a r e o b a l l í .... industrial.
6. A mis hijos les encantan las s o g o n i a m l .... de colores, pero el dentista dice que después se tienen que lavar los dientes.

4 Observa la imagen y marca las afirmaciones correctas.

1. ☐ La chica está en el supermercado.
2. ☐ La chica quiere comer o beber algo.
3. ☐ La chica llama a su amiga por teléfono.
4. ☐ La chica está junto a una máquina de venta automática.
5. ☐ La chica quiere comprar un billete de tren.

5 Escucha a estas personas y decide qué problema tienen.

[15]

1. **Carlos:** a. Está enfermo. b. Está nervioso. c. Está triste.
2. **María:** a. Está preocupada. b. Está enferma. c. Está cansada.
3. **Eva:** a. Está aburrida. b. Tiene sueño. c. Está nerviosa.
4. **Miguel:** a. Está enfadado. b. Está contento. c. Está nervioso.

6 Lee este artículo y elige la opción correcta.

www.nutricionista.es

Soy nutricionista y a menudo respondo muchas dudas de pacientes obsesionados con su peso. Algunas personas creen que todo es blanco o negro y toman decisiones demasiado radicales en su dieta que tienen consecuencias negativas. Estos son algunos casos:

Omar, un estudiante de 22 años obsesionado con el azúcar... Nunca come dulces porque no quiere engordar, y sin embargo, pesa 89 kilos y mide 1,70 m. ¿Cómo es posible? No come dulces, pero bebe refrescos, abusa de las grasas saturadas y además se pasa diez horas sentado delante del ordenador.

Un caso opuesto, Sofía, una profesora de 40 años, preocupada porque está muy delgada. Hace tres comidas al día. Se levanta a las cinco y media para salir a correr, desayuna y después va al trabajo, donde come en treinta minutos. Más tarde va a clase de danza, después camina dos kilómetros hasta su casa, y siempre, antes de cenar, hace yoga porque dice que le ayuda a reducir el estrés.

Estos ejemplos demuestran que, a veces, el problema no es solo el qué, sino el cómo y el cuánto. Omar no sabe que no pasa nada por comer algún dulce y que el problema es que no hace ejercicio y que abusa de ciertos alimentos, y Sofía no sabe que con su ritmo de vida quizá tiene que hacer más comidas o reducir su actividad física.

Mi consejo es adaptar cantidades y tipos de alimentos a nuestras necesidades y hábitos, no solo a nuestros gustos o a creencias poco científicas, pero muy extendidas.

1. La doctora es experta en...
   a. problemas del estómago.
   b. problemas de alimentación.
   c. problemas psicológicos.
2. Omar no come dulces porque...
   a. no le gustan.
   b. son malos para los dientes.
   c. engordan.
3. Omar es...
   a. un chico poco activo.
   b. un chico muy activo.
   c. un chico muy sano.
4. Sofía está preocupada por...
   a. su alimentación.
   b. su peso.
   c. su trabajo.
5. Sofía hace...
   a. desayuno, comida y cena.
   b. desayuno, comida, merienda y cena.
   c. desayuno y merienda.
6. Para la nutricionista lo ideal...
   a. es comer poco y hacer mucho ejercicio.
   b. es comer poco y hacer ejercicio moderado.
   c. depende de cada persona y de su estilo de vida.

Gramática

7 Completa con la forma de imperativo adecuada.

[1] .... (Levantar) los brazos.
[2] .... (Subir) las manos.
[3] .... (Mantener) esa postura tres segundos.

¡[4] .... (Mirar) los colores de la verdura!
[5] .... (Cortar) los tomates con precaución.
[6] .... (Poner) las patatas en agua caliente.

¡[7] .... (Decir): "aaaaaaaaaaaaaa"!
[8] .... (Abrir) la boca.
[9] .... (Levantar) más la cabeza.

¡[10] .... (Levantarse) todos!
[11] .... (Sentir) el ritmo de la música.
[12] .... (Girar) la pierna izquierda.

8 Escucha los consejos de Cristina y colócalos en el orden en que los oyes.

[16]

a. ☐ Bebe mucha agua.
b. ☐ Toma medicamentos.
c. ☐ Descansa.
d. ☐ Mantén el ambiente húmedo.
e. ☐ Sé positivo.
f. ☐ Ten paciencia.

9 Lee estos consejos para viajar y conjuga los verbos en la forma *tú* del imperativo afirmativo.

Te damos ahora algunos consejos que no debes olvidar cuando viajas. Lo más importante: [1] .... (sonreír) siempre, la sonrisa es un lenguaje universal. [2] .... (Guardar) tus documentos importantes y el dinero en un lugar seguro, pero [3] .... (tenerlos) siempre a mano. No todo está en las fotografías; [4] .... (llevar) siempre contigo una libreta y [5] .... (escribir) en ella tus impresiones, las cosas que más llaman tu atención y lo que aprendes en cada lugar. [6] .... (Ir) a los lugares más importantes, pero también a otros menos famosos para conocer mejor la realidad del lugar. [7] .... (Hablar) mucho con la gente, así vas a entender mejor su cultura. [8] .... (Ser) amable y [9] .... (adaptarse) a sus costumbres. Recuerda que eres tú quien está de visita en su país. Y, sobre todo, [10] .... (divertirse) mucho, [11] .... (aprovechar) bien la experiencia y [12] .... (hacer) muchos amigos nuevos.

9a Cambia ahora los verbos de la actividad anterior a la forma *vosotros/as* del imperativo afirmativo.

1. sonreír: ....
2. guardar: ....
3. tener: ....
4. llevar: ....
5. escribir: ....
6. ir: ....
7. hablar: ....
8. ser: ....
9. adaptarse: ....
10. divertirse: ....
11. aprovechar: ....
12. hacer: ....

10 Escribe al menos otros tres consejos que te parecen importantes cuando alguien hace un viaje. Usa la forma *tú*.

1. ....
2. ....
3. ....

11 Completa estos diálogos con pronombres de objeto directo.

1. ▶ ¿Conoces a Javi y a Sonia?
   ▷ Sí, ... conozco, estudian en mi escuela.
2. ▶ Hoy tengo que comprar el billete de tren.
   ▷ ¿.................. vas a comprar por internet?
3. ▶ La profesora Carmen está enferma hoy.
   ▷ ¿Sabes quién .... va a sustituir?
4. ▶ Normalmente hago los deberes en casa.
   ▷ Yo prefiero hacer.................. en la biblioteca.
5. ▶ ¿Dónde pasas tus vacaciones?
   ▷ .... paso en Canarias con mi familia.
6. ▶ ¿Cuándo quieres reservar el hotel?
   ▷ .... quiero reservar hoy.
7. ▶ ¿Puedes llevar la maleta al coche?
   ▷ Sí, claro, ¿dónde .... pongo?
8. ▶ Necesitamos comprar una guía de viaje.
   ▷ Tranquilo, ... compramos en el aeropuerto.

12 Combina las tres columnas para formar frases.

1. El billete	a. la llevan a la escuela	A. por internet.
2. A Juan y a mí no	b. os va a llamar	B. en la mochila.
3. A Elena	c. la guardamos	C. yo.
4. A Roberto y a ti	d. lo reservamos	D. el nuevo profesor.
5. La toalla	e. los preparo	E. el director mañana.
6. Los bocadillos	f. nos conoce	F. en coche.
7. A Manuel y a Cristina	g. las limpio	G. un libro de viajes.
8. Las botas	h. les voy a recomedar	H. después de la excursión.

13 Marca las frases correctas.

1. ☐ Me encanta esta tienda, recomiéndola a todo el mundo.
2. ☐ ¿Has visto el libro nuevo? Lo estoy leyendo estos días.
3. ☐ ¿Dónde está Laura? No la veo por ningún lugar.
4. ☐ Necesito hablar con Juan, estoy lo buscando toda la mañana.
5. ☐ No puedes usar este ordenador, estoy usándolo yo.
6. ☐ Claudia y Elena son muy amigas, veo las todos los días juntas.
7. ☐ Enrique y Miguel son gemelos y la gente los confunde.

14 Lee la descripción y decide qué estado físico o de ánimo del recuadro presenta.

triste | cansado/a | aburrido/a | estresado/a | preocupado/a

1. Pienso mucho, duermo poco, hablo mucho del mismo asunto, estoy ....
2. Mis amigos no están, en la calle llueve y no sé qué hacer, estoy ....
3. Tengo mucho trabajo y poco tiempo, necesito relajarme, estoy ....
4. Lloro mucho, no me apetece hablar, no sonrío, estoy ....
5. Trabajo muchas horas y descanso poco, estoy ....

15 Elige la opción correcta.

1. **Me duele/Me duelen** la cabeza.
2. **Me pica/Me pican** los ojos.
3. **Tengo/Estoy** cansado.
4. **Estoy/Tengo** dolor de espalda.
5. **Tengo/Estoy** alergia.
6. **Me duele/Estoy** mareado.
7. **Me duelen/Me duele** las piernas.
8. **Me siento/Tengo** mareada.
9. **Estoy/Tengo** vómitos.
10. **Me siento/Tengo** tos.
11. **Tengo/Estoy** malo.
12. **Me duele/Me siento** la garganta.

16 Clasifica estos enunciados en su categoría correspondiente.

1. Introduzca una moneda.
2. ¡Cierra la ventana!
3. Bebe mucho líquido y descansa.
4. Seleccione su producto.
5. Pórtate bien y haz los deberes.
6. Ve a Santander, es una ciudad preciosa.
7. Gira a la izquierda y continúa por esa calle.
8. Prueba este refresco, está muy bueno.

Órdenes	Consejos	Instrucciones

17 Transforma estos imperativos con los verbos *tener*, *poder* o *deber*.

1. Juan, estudia más. › Juan, ... que estudiar más.
2. Envía el correo esta tarde. › .... enviar el correo esta tarde.
3. Acuéstate temprano. › .... que acostarte temprano.
4. Quita el plástico antes de abrir la caja. › .... que quitar el plástico.
5. Pasa, pasa, ahora no estoy muy ocupado. › .... pasar, ahora no estoy muy ocupado.

18 Completa las frases con la opción adecuada.

1. **¿Me prestas ....?**
   a. un bolígrafo b. escribir
2. **¿Puedo ....?**
   a. salida a las tres b. salir a las tres
3. **Por favor, ¿puedes ....?**
   a. hablar más alto b. habla más alto
4. **No .... prestarte dinero, tengo muchos gastos este mes.**
   a. tengo que b. puedo
5. **Debes .... antes de las tres.**
   a. terminar b. que terminar
6. **No .... que hablar en clase.**
   a. debes b. hay

19 Clasifica estas intervenciones en la tabla.

1. ¿Me das un papel?
2. ¿Puedo salir antes de terminar?
3. ¿Puedes ayudarme a limpiar el salón?
4. ¿Me prestas veinte euros?
5. ¿Puede conducir más despacio?
6. ¿Puedo usar tu teléfono?
7. ¿Me dejas tu vestido naranja para esta noche?
8. ¿Puedes enviar el correo esta tarde?

Pedir un objeto	Pedir un favor	Pedir permiso

Cultura

20 Observa las imágenes y elige el enunciado que corresponde con la dieta mediterránea.

1 ☐

a. Come carne y pescado todos los días como carbohidrato.
b. Evita la carne, el pescado y los huevos, son muy grasos.
c. Carne magra, pescado y huevos son la mejor proteína.

2 ☐

a. Los cereales, la pasta y el pan tienen muchas calorías, come pocos.
b. Los carbohidratos como pan, arroz y otros cereales son la base de la dieta.
c. Come solamente cereales integrales.

3 ☐

a. La verdura y la fruta aportan mucha proteína.
b. Come frutas frescas todos los días, son ricas en vitaminas.
c. Puedes comer postres dulces con un poco de fruta todos los días.

4 ☐

a. Los dulces se deben tomar por la noche.
b. La tolerancia a la glucosa es menor por la noche.
c. El alimento principal de la dieta mediterránea son los dulces.

5 ☐

a. Reduce el aceite de oliva.
b. Los fritos no aportan casi calorías.
c. Usa aceite de oliva como grasa principal.

6 ☐

a. Usa leche y azúcar para tus postres diarios.
b. Incluye lácteos en tu dieta diaria.
c. Elimina los lácteos, tienen mucho azúcar.

21 Decide si estas afirmaciones sobre la dieta mediterránea son verdaderas o falsas.

1. La fruta es un postre mejor que los dulces. .... V F
2. El problema de la dieta mediterránea son los productos procesados. .... V F
3. En la dieta mediterránea el arroz, la pasta y los cereales son muy importantes. .... V F
4. Cocina con mucha mantequilla, es un lácteo muy sano. .... V F
5. Es una dieta vegetariana, no incluye carne roja. .... V F

Unidad 9 Experiencias vividas

Palabras

1 Relaciona cada alimento con su nombre correspondiente.

agua | cebollas | azúcar | arroz | mermelada | aceitunas | salchichas | sardinas

1 
....

2 
....

3 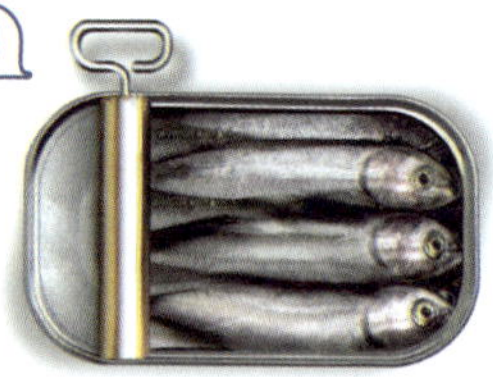
....

4 
....

5 
....

6 
....

7 
....

8 
....

2 Elige la opción correcta.

1. una botella de **harina/agua/leche/mermelada/sardinas/patatas fritas**
2. una lata de **harina/agua/leche/mermelada/sardinas/patatas fritas**
3. un paquete de **harina/agua/leche/mermelada/sardinas/patatas fritas**
4. una bolsa de **harina/agua/leche/mermelada/sardinas/patatas fritas**
5. un brik de **harina/agua/leche/mermelada/sardinas/patatas fritas**
6. un bote de **harina/agua/leche/mermelada/sardinas/patatas fritas**

3 Escribe el nombre de estos alimentos.

1. ....

2. ....

3. ....

4. ....

4 Relaciona.

1. una barra de	a. huevos
2. un litro de	b. pan
3. un kilo de	c. aceite
4. una docena de	d. manzanas
5. un paquete de	e. calamares a la romana
6. un bote de	f. azúcar
7. una bolsa de	g. tomate frito
8. una ración de	h. frutos secos

5 Lee el texto y marca verdadero o falso.

Esta mañana he ido al supermercado y he hecho la compra. Siempre hago una lista para no olvidarme de nada, pero a veces compro más cosas de las que necesito.

Por ejemplo, el agua. He comprado doce botellas porque bebo mucho y ahora hace calor. He comprado dos barras de pan y dos kilos de manzanas. He comprado tantas porque voy a hacer un pastel de manzana. Por supuesto, he comprado huevos, pero media docena, porque en casa tengo todavía algunos. Y aunque no está en mi lista, también he comprado un par de bolsas de patatas fritas y un paquete de galletas para desayunar. Creo que no he olvidado comprar nada de la lista...

1. Siempre hace la lista de la compra antes de ir al supermercado. .... V F
2. Ha comprado seis botellas de agua. .... V F
3. Normalmente bebe poca agua. .... V F
4. Ha comprado medio kilo de manzanas. .... V F
5. Ha comprado media docena de huevos. .... V F
6. Ha comprado dos bolsas de patatas fritas. .... V F
7. Ha olvidado comprar algo de la lista. .... V F

6 Lee esta receta y escribe los ingredientes que tienes que comprar para prepararla. No olvides indicar los envases y/o las cantidades.

Receta de arroz a la cubana para 6 personas

En primer lugar, pela los plátanos (uno por persona), córtalos por la mitad a lo largo y fríelos en una sartén con un poco de mantequilla.

Por otra parte, cuece el arroz en agua con sal durante 18 minutos. Calcula el equivalente a una tacita de arroz por persona.

Una vez cocido, rehógalo con un poco de aceite de oliva y un ajo para que tenga más sabor. A continuación fríe dos huevos por persona.

Por último, haz unas salchichas a la plancha (dos por persona).

Pon en cada plato dos mitades de plátano, dos huevos fritos, una porción de arroz, dos salchichas y, por último, echa por encima un poco de salsa de tomate frito.

Ya tienes preparado un plato barato, nutritivo... ¡y delicioso!

INGREDIENTES

....
....
....
....
....
....
....
....
....

7 Elige los alimentos que corresponden a cada categoría.

1. Alimentos perecederos: **azúcar/pasta/huevos/marisco/fruta/harina**
2. Alimentos no perecederos: **azúcar/pasta/huevos/marisco/fruta/harina**

8 Completa el texto ordenando las letras de los globos para formar las palabras que faltan.

1. Un banco de alimentos es una organización (n)(é)(c)(i)(a)(f)(e)(b) .... sin ánimo de lucro.
2. Recogen alimentos que la gente (o)(d)(n)(a) .... y los distribuyen.
3. Su objetivo es dar de comer a personas sin (c)(s)(s)(u)(r)(o)(r)(e) ....
4. Necesitan recoger principalmente alimentos no (p)(d)(o)(e)(e)(e)(c)(r)(e)(s)(r) ....
5. Los alimentos en (a)(a)(l)(t) .... son más adecuados porque se conservan mucho más tiempo.

Gramática

9 Completa la tabla con las formas verbales que faltan del pretérito perfecto.

	Hablar	Comer	Llamarse
yo	[1]	he comido	he vivido
tú	has hablado	has comido	[6] ....
él, ella, usted	ha hablado	[4]	ha vivido
nosotros/as	[2]	hemos comido	hemos vivido
vosotros/as	habéis hablado	[5]	habéis vivido
ellos, ellas, ustedes	[3]	han comido	han vivido

10 Escribe los participios de estos infinitivos.

1. abrir ....
2. decir ....
3. escribir ....
4. hacer ....
5. morir ....
6. poner ....
7. romper ....
8. ver ....
9. volver ....

11 Escribe la forma correcta del pretérito perfecto de los verbos entre paréntesis.

Esta mañana [1] .... (levantarse, yo) pronto y [2] .... (desayunar) un café y unas tostadas. Después [3] .... (salir) de casa y [4] .... (coger) el autobús para ir a la oficina. Durante el día [5] .... (escribir) muchos correos electrónicos. También [6] .... (hacer) varios informes y [7] .... (terminar) algunos trabajos pendientes. Antes de volver a casa [8] .... (ir) con mi sobrina al cine y [9] .... (ver, nosotros) una película preciosa.

12 Elige la opción correcta.

1. En esta habitación no hay **nada/ningún**.
2. He hablado con **algún/alguien**, pero no recuerdo quién era.
3. No hay **alguna/ninguna** razón para no hacerlo.
4. ¿Has hecho **algún/alguno** deporte de riesgo?
5. He probado **algunos/ningunos** platos de comida japonesa.
6. Estoy aburrido, en este parque no hay **alguien/nadie**.
7. ¿Tienes **algunas/ningunas** tijeras ahí?
8. No quiero **nada/algo** más, gracias.

13 Elige la opción correcta para completar el diálogo.

▶ ¿Qué tal, Juan? Hace mucho tiempo que no te veo. ¿Has hecho [1] **algún/alguno/ningún** viaje este año?

▷ Sí, he estado en París. He ido con [2] **algunas/algunos/ningunos** amigos. Ha sido muy divertido. Y tú, ¿has hecho [3] **nada/alguno/algo** este verano?

▶ Pues no. No he hecho [4] **algún/nada/ningún** viaje. He estado en casa todo el verano y ha sido muy aburrido porque en el pueblo no hay [5] **nada/nadie/algo** que hacer.

▷ No conozco a [6] **ningún/alguno/nadie** de tu pueblo, solo a ti. ¿Hay muchos habitantes?

▶ No muchos, y además el pueblo es pequeño.

Peñíscola, Valencia

14 Escucha y marca quién ha hecho estas cosas.

[17]

	Emilio	Marta		Emilio	Marta
1. Ha estado en un espá.	☐	☐	4. Ha hecho muchas fotos.	☐	☐
2. Ha alquilado un coche.	☐	☐	5. Se ha enamorado.	☐	☐
3. Ha tomado el sol.	☐	☐	6. Ha comprado regalos.	☐	☐

15 Escribe estas actividades en su imagen correspondiente. Hay una actividad que sobra, anótala debajo.

Comer en un restaurante con estrella Michelin. | Volar en globo. | Ganar un premio. | Bucear.
Saltar desde un avión. | Pedir comida a domicilio. | Ir a un balneario.

1. ....

2. ....

3. ....

4. ....

5. ....

6. ....

La actividad que sobra es: ....

16 Ahora escucha y relaciona cada actividad con su marcador temporal correspondiente.

[18]

1. Volar en globo.
2. Saltar desde un avión.
3. Comer en un restaurante con estrella Michelin.
4. Pedir comida a domicilio.
5. Bucear.
6. Ganar un premio.

a. nunca
b. alguna vez
c. este verano
d. dos veces
e. hoy
f. este mediodía

17 Carlos ha hecho este balance del último año. Para conocerlo, completa el texto con los verbos del recuadro en pretérito perfecto.

escribir | hacer | alquilar | ir | comprar | adoptar | empezar | poner | terminar | aprender | viajar
visitar | conocer | ser | comenzar | contar

Este año [1] .... muy especial, [2] .... un montón de cosas interesantes. [3] .... mis estudios y [4] .... a trabajar en una clínica veterinaria. Además, [5] .... a otros países y [6] .... a mucha gente.

También [7] .... un blog donde [8] .... mis viajes y [9] ....

muchas fotografías de los diferentes lugares del mundo que [10] .... Una cosa muy importante: [11] .... un apartamento y me [12] .... a vivir solo. Es una experiencia muy interesante porque descubres muchas cosas nuevas de ti mismo.

Hace dos meses que [13] .... una perra, se llama Tula y ahora tiene siete meses. Esta semana también [14] .... a ir al gimnasio porque quiero mantenerme en forma. ¡Ah! Y [15] .... a conducir, aunque todavía no me [16] .... coche.

17a Lee de nuevo el texto y marca verdadero o falso.

1. Carlos tiene nuevos amigos. .... V F
2. Carlos todavía no ha terminado sus estudios. .... V F
3. Carlos ya conoce otros países. .... V F
4. Carlos está escribiendo un blog. .... V F
5. A Carlos no le gusta vivir solo. .... V F
6. Carlos tiene un perro. .... V F
7. Carlos está aprendiendo a conducir. .... V F
8. Carlos ya tiene coche. .... V F

18 Lee y marca verdadero o falso.

He pasado toda la mañana en el nuevo centro comercial. He llegado allí a las 10 y hasta las 6 de la tarde no he salido. Es increíble, me ha gustado mucho. Nunca he ido a un centro comercial tan grande. He comprado bastante ropa porque es temporada de rebajas y todo está muy barato. Además, paseando por allí, me he encontrado con Aitana, mi mejor amiga, y juntas hemos ido a tomar algo a una cafetería. Ella ha pedido un café con leche y yo un té. Después hemos entrado en una óptica y hemos visto modelos de gafas realmente originales. Nos hemos probado algunas, pero no hemos comprado nada. Finalmente hemos comido en una pizzería un poco cara, la verdad, pero no hemos encontrado nada más barato. Tengo que volver porque mi hermano, que ya ha estado allí, me ha dicho que hay un restaurante de comida mexicana fantástico. Ha sido un día genial.

1. Ha estado en el centro comercial diez horas. ..... V F
2. Le ha gustado un poco. .... V F
3. La ropa ahora está más barata. .... V F
4. Ha quedado con su amiga en una óptica. .... V F
5. Se han comprado un par de gafas. .... V F
6. Han comido en un restaurante un poco caro. ...... V F
7. Su hermano ya conoce el centro comercial. .... V F
8. Ha pasado un día regular. .... V F

19 Recuerda y escribe qué cosas has hecho en los siguientes momentos.

Esta mañana... ....

....

Este fin de semana... ....

....

Este verano... ....

....

....

20 Di si las siguientes expresiones son positivas (P) o negativas (N).

1. ¡Qué mala suerte! .... P N
2. Es terrible. .... P N
3. Ha sido increíble. .... P N
4. Es muy bueno. .... P N
5. ¡Qué pena! .... P N
6. Es horrible. .... P N

Cultura

21 Elige la opción correcta para formar el nombre completo de estos lugares de interés de Hispanoamérica.

1. Cenotes, depósitos de Tikal/Pascua/Panamá/los siete colores/sal/agua dulce
2. El canal de Tikal/Pascua/Panamá/los siete colores/sal/agua dulce
3. Las Pirámides de Tikal/Pascua/Panamá/los siete colores/sal/agua dulce
4. Vinicunca, la montaña de Tikal/Pascua/Panamá/los siete colores/sal/agua dulce
5. El salar de Uyuni, un desierto de Tikal/Pascua/Panamá/los siete colores/sal/agua dulce
6. La isla de Tikal/Pascua/Panamá/los siete colores/sal/agua dulce

22 ¿Estos son seis lugares de interés de Hispanoamérica. Cinco de ellos corresponde a cinco de los sitios mencionados anteriormente. Escribe su nombre. Hay un lugar que no se ha mencionado, ¿cuál? ¿Sabes cómo se llama y dónde está?

1. ....

2. ....

3. ....

4. ....

5. ....

6. ....

23 ¿Son verdaderas o falsas las siguientes afirmaciones sobre el mundo hispano?

1. La Paz es la capital más alta del mundo. .... V F
2. Colombia es el segundo país exportador de flores del mundo. .... V F
3. Nicaragua no tiene ejército. .... V F
4. El canal de Panamá es una de las mayores obras de ingeniería del mundo. .... V F
5. Honduras es el país más pequeño de Centroamérica. .... V F
6. Uno de los glaciares más espectaculares del mundo está en Cuba. .... V F
7. El Aconcagua es el lago más grande del mundo. .... V F
8. El desierto de Atacama está en Chile. .... V F

Palabras

1 Escribe la palabra que falta y después relaciona cada alimento con su imagen correspondiente.

1 ☐

2 ☐

3 ☐

4 ☐

5 ☐

6 ☐

7 ☐

8 ☐

9 ☐

a. .... de leche
b. .... té
c. .... de calamares
d. carne ....
e. .... de manzana
f. .... de piña
g. .... de tortilla
h. .... de mariscos
i. verduras ....

2 Escribe el nombre de las partes del cuerpo humano que están señaladas.

1. pie	7. pecho
2. nariz	8. espalda
3. mano	9. brazo
4. boca	10. ojos
5. orejas	11. pierna
6. cuello	12. cabeza

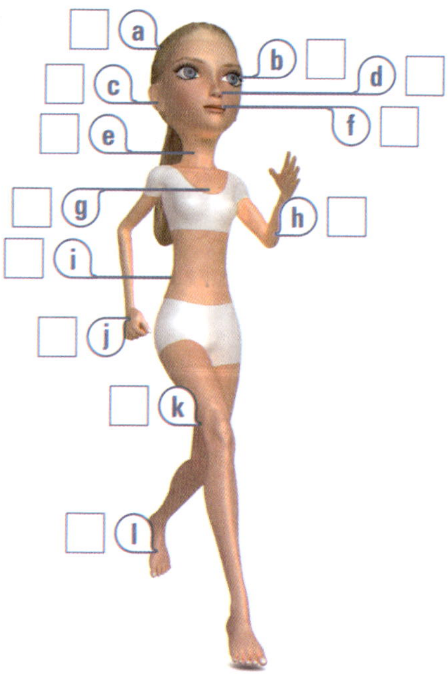

3 Completa.

Mi madre se llama Mercedes. El marido de mi madre es mi [1] .... La madre de mi madre se llama Paula. Es mi [2] .... Estoy casado con Sara. Es mi [3] .... Mi hijo se llama Carlos y mi hija, Teresa. Teresa es [4] .... de Carlos. Juanjo es mi hermano y tiene una hija, Amanda. Amanda es mi [5] .... y yo soy su [6] .... Carlos y Teresa son los [7] .... de Amanda.

4 [19] Escucha a Patricia hablar con su hermano Alejandro de sus nuevos amigos de la universidad. Identifica a cada uno en la foto.

4a [19] Vuelve a escuchar y elige la(s) respuesta(s) correcta(s).

1. ¿Cómo es Sergio?
   Es rubio y lleva barba./Lleva gafas./Es moreno./Es tímido y trabajador./Es tímido y muy inteligente./Es un poco tímido y muy inteligente.
2. ¿Qué relación hay entre Sergio y Elvira?
   Son hermanos./Tienen la misma relación que Patricia y Alejandro./Son amigos.
3. ¿Cómo es el carácter de Elvira? ¿Qué le gusta hacer?
   Es divertida y perezosa./Es muy simpática./Es divertida./Le gustan el paracaidismo y la escalada./Le gustan los deportes de riesgo./Le encantan los deportes de riesgo.
4. ¿Qué relación hay entre Raúl y Rosa?
   Son hermanos./Son primos./Son amigos.
5. ¿Cómo es Raúl?
   Es sociable y hablador./Es un poco raro./Es antipático.
6. ¿Qué le gusta a Rosa?
   Le encanta la comida española./Le gusta cocinar./Le gusta la paella.
7. ¿Cómo es Mario?
   Es moreno con barba./Es poco hablador./Es antipático./Habla cuatro lenguas.
8. ¿Cómo es físicamente Begoña? ¿Qué le gusta hacer?
   Es morena./Tiene el pelo largo y rizado./Tiene los ojos marrones./Le gusta bailar./Le gusta hacer yoga./Le gustan las matemáticas.

5 Estos son Alejandro y Patricia. ¿Cómo son? ¿Qué carácter crees que tienen?

....

....

....

....

....

Gramática

6 Clasifica los siguientes verbos en la tabla según su irregularidad.

encontrar | salir | perder | poner | pedir | dormir | vestirse | medir | dar | repetir | mentir | saber
ir | hacer | contar | estar | tener | ser | soñar | sentir | freír | poder | jugar | costar | venir | elegir
despertarse | conocer | corregir | ver | calentar

e > ie	o > ue	u > ue	e > i

Doble irregularidad	Irregular en la persona *yo*	Irregularidades propias

7 Completa el texto con la forma correcta de los siguientes verbos irregulares en presente.

estar | hacer | tener (2) | salir | saber | poder | empezar | conocer | ser (2) | despertarse | perder | vestirse

Cada día [1] .... a las siete de la mañana, me ducho y [2] .... rápidamente porque si [3] .... el autobús, llego tarde al trabajo; por eso, no desayuno en casa. [4] .... a trabajar a las ocho y media. [5] .... secretaria de dirección. Me encanta mi trabajo porque [6] .... que hablar diferentes idiomas y [7] .... conocer a personas de diferentes culturas cuando viajo con mi jefa. [8] .... muy emocionada con nuestro próximo proyecto en Finlandia. [9] .... la primera vez que voy a ir allí, no [10] .... ese país, pero [11] .... que [12] .... una naturaleza espectacular. Lo peor de mi trabajo es que [13] .... muy tarde y [14] .... poca vida social.

8 Elige el verbo correcto en este texto que describe la capital de Extremadura.

Mérida [1] **es/está/hay/tiene** una ciudad española de la provincia de Badajoz, capital de la Comunidad Autónoma de Extremadura. Esta Comunidad [2] **es/está/hay/tiene** en el suroeste del país y Mérida [3] **es/está/hay/tiene** casi en el centro de la región. [4] **Es/Está/Hay/Tiene** dos ríos, el Guadiana y el Alberragas. Su patrimonio arqueológico [5] **es/está/hay/tiene** muy rico, principalmente de la época romana; por esto, en Mérida [6] **es/está/hay/tiene** un anfiteatro, un circo romano y un teatro, en el que se representan obras clásicas durante los meses de julio y agosto. La ciudad [7] **es/está/hay/tiene** una oferta cultural muy extensa durante todo el año. El Museo Nacional de Arte Romano [8] **es/está/hay/tiene** también aquí. Su gastronomía [9] **es/está/hay/tiene** otra razón para visitarla. Sus platos más típicos [10] **son/están/hay/tienen** el gazpacho extremeño, la caldereta de cordero y las migas.

Teatro Romano de Mérida

9 Escribe esta receta de gazpacho extremeño en imperativo (persona *tú*). Utiliza estos verbos.

meter | aliñar | servir | añadir | dejar | echar | triturar | quitar | poner | cortar

Ingredientes para 4 personas

1 kg de tomates maduros, 1 pepino, 1 pimiento verde, 1 ajo grande, un trozo de pan grande, un poco de agua, aceite, vinagre y sal.

Elaboración

[1] .... un buen trozo de pan del día anterior en un bol grande con un poco de agua.

[2] .... en dados todas las verduras.

[3] ....las al bol con el pan y el agua. [4] ....una pequeña cantidad para servir como acompañamiento. [5] .... la piel del diente de ajo. [6] ....lo al bol. [7] .... todo con sal, aceite y vinagre a tu gusto. [8] .... toda la mezcla con la batidora hasta obtener una sopa. [9] ....lo en el frigorífico dos horas. [10] ....lo como muestra la imagen.

10 Piensa en un plato típico de tu país. Explica la receta utilizando la forma *vosotros/as* del imperativo. Sigue el modelo de la actividad anterior.

Ingredientes para 4 personas

....

Elaboración

....

....

11 Relaciona las siguientes estructuras de infinitivo con su significado.

1. tener que	a. Intenciones.
2. hay que	b. Obligación o necesidad personal.
3. ir a	c. Posibilidad.
4. pensar	d. Planes y proyectos.
5. querer	e. Obligación o necesidad impersonal.
6. poder	f. Deseos.

11a Ahora escribe un ejemplo con cada una de las estructuras anteriores.

1. ....
2. ....
3. ....
4. ....
5. ....
6. ....

12 Elige las afirmaciones que son útiles para aprender una lengua.

1. ☐ Para recordar la información tenemos que revisar lo aprendido y practicarlo en diferentes situaciones.
2. ☐ Hay que hacer listas con las palabras nuevas, es lo más útil para la mayoría de estudiantes y lo que recomiendan los profesores.
3. ☐ Podemos establecer similitudes y diferencias entre nuestra lengua y la lengua que aprendemos.
4. ☐ Si no conocemos una palabra, podemos averiguar su significado por el contexto en el que aparece.
5. ☐ Nunca tenemos que prestar atención a las correcciones del profesor.
6. ☐ Tenemos que fijarnos objetivos concretos y un horario de estudio.
7. ☐ Hay que olvidar los errores que se cometen porque no nos ayudan a mejorar. Es mejor no saber que cometemos errores.
8. ☐ Tenemos que prestar atención al lenguaje corporal y a la entonación.

13 Escucha y elige la opción correcta.

[20]

1. Leo **quiere/piensa/tiene que** ir a un parque de aventuras.
2. Para ir a un parque de aventuras no **puedes/hay que/quieres** estar en forma.
3. Para tirarse en tirolina **quieren/tienen que/pueden** usar un arnés.
4. Nélida **piensa/quiere/tiene que** hacer senderismo y nadar.
5. **Quieren/Pueden/Van a** salir el viernes por la tarde.
6. Nélida **quiere/tiene que/va a hacer** la reserva ya porque está muy ilusionada.
7. **Quieren/Van a/Piensan** viajar en tren.
8. Como no tienen ropa deportiva, Nélida **quiere/piensa/tiene que** comprarla esta tarde.

14 Lee el correo que le escribe Andrés a su madre y completa las frases.

De: andresgutierrez@mail.com
Para: mariahernandez@mail.com
Asunto: Intercambio de verano

Hola, mamá, ¿qué tal?

Como ves, te escribo para contarte cómo me va en Madrid, ¿estás contenta? ;)

Bueno, esta semana he visitado el Museo del Prado. Velázquez me ha gustado mucho, son impresionantes los detalles de sus cuadros. El museo es muy grande y no lo he visto entero, por eso voy a volver mañana para ver las pinturas de Goya. Después voy a entrar en el Jardín Botánico, que está al lado, porque hay una colección de plantas carnívoras que me parece interesante.

Normalmente como después de las clases, con mis compañeros, en una cafetería que hay cerca de la escuela. Algunas veces hemos comido tapas o raciones, pero nunca he probado los callos a la madrileña.

Siempre me levanto pronto y llego puntual a la escuela. Me encantan las clases, son muy divertidas. Estoy muy contento de haber venido y ya hablo mucho mejor.

Hoy he quedado con una compañera para ver el parque del Retiro, vamos a montar en las barcas.

Un beso para papá y otro para ti.

1. Esta semana ....
2. Mañana .... y ....
3. Normalmente ....
4. Algunas veces ....
5. Nunca ....
6. Siempre ....
7. Hoy ....

15 Escribe sobre tus hábitos, tu pasado reciente y tus planes. Utiliza las expresiones de tiempo que has aprendido.

Cultura

16 Observa las imágenes y di si se refieren o no a la región que se indica.

1. Región de la Amazonia

Grandes llanuras .... Sí No

2. Región Andina

Arepas .... Sí No

3. Región de la Amazonia

Comunidades indígenas .... Sí No

4. Región de Orinoquía

Bucear .... Sí No

17 Relaciona los textos con la región de Colombia a la que se refieren.

a. Caribe | b. Andina | c. Amazonia | d. Pacífico | e. Orinoquía

1. ☐ El sol, las playas, el baile y la alegría son características de esta región. Barranquilla, destaca por tener uno de los carnavales más famosos del país.
2. ☐ El río Orinoco establece la frontera con Venezuela.
3. ☐ Sus ciudades más destacadas son Bogotá y Medellín. En la primera puedes visitar el Museo del Oro y el Museo Internacional de la Esmeralda, y en la segunda puedes ver numerosas esculturas de Fernando Botero.
4. ☐ Cali es la tercera ciudad más poblada de Colombia, además de ser uno de los principales centros económicos e industriales del país.
5. ☐ Parques, reservas naturales, ríos, flora y fauna diversas... En esta región puedes entrar en contacto con comunidades indígenas que aún conservan sus tradiciones.

18 Así se baila la cumbia. Fíjate en la imagen y completa con las palabras que faltan.

sombrero | arriba | falda | alrededor | saltos | brazo | rítmico | doble

Los bailarines entran en [1] .... fila: las mujeres por la izquierda y los hombres por la derecha.

La mujer baila con el [2] .... derecho extendido hacia [3] .... sujetando unas velas y con la mano izquierda levanta un extremo de la [4] ...., a la altura de la cintura. Danza deslizándose sobre el suelo, nunca levanta los pies, el movimiento de las caderas es [5] ....

El hombre apoya siempre toda la planta del pie izquierdo, y la punta del derecho. Realiza [6] ...., gesticula, se agacha, se quita y se vuelve a poner el [7] .... dando vueltas [8] .... de la mujer.

Apéndices

Gramática y comunicación

Unidad 1: Nos presentamos

Abecedario

Se escribe	Se llama	Palabra
A a	a	**A**lemania
B b	be	**B**élgica
C c	ce	**C**olombia
D d	de	**D**inamarca
E e	e	**E**cuador
F f	efe	**F**rancia
G g	ge	**G**recia
H h	hache	**H**olanda
I i	i	**I**talia
J j	jota	**J**apón
K k	ka	**K**enia
L l	ele	**L**etonia
M m	eme	**M**arruecos
N n	ene	**N**oruega

Se escribe	Se llama	Palabra
Ñ ñ	eñe	Espa**ñ**a
O o	o	**O**mán
P p	pe	**P**erú
Q q	cu	Tur**q**uía
R r	erre	**R**usia
S s	ese	**S**uecia
T t	te	**T**anzania
U u	u	**U**ruguay
V v	uve	**V**enezuela
W w	uve doble	Ku**w**ait
X x	equis	Lu**x**emburgo
Y y	i griega	**Y**emen
Z z	zeta	**Z**ambia

RAE

LÉXICO

Recuerda que en el español de América hay letras que tienen nombres diferentes:

- b › *be alta* o *be larga*.
- v › *ve, ve baja, ve corta* o *ve chica*.
- w › *ve doble, doble ve*. En México y en algunos países de Centroamérica, *doble u*.
- y › *ye*.

Fíjate:
La *ch* y la *ll* son **dígrafos**, es decir, dos letras que representan un sonido único: *chico, llave*.

Números cardinales

0	cero	11	once	22	veintidós	40	cuarenta
1	uno	12	doce	23	veintitrés	44	cuarenta y cuatro
2	dos	13	trece	24	veinticuatro	50	cincuenta
3	tres	14	catorce	25	veinticinco	60	sesenta
4	cuatro	15	quince	26	veintiséis	70	setenta
5	cinco	16	dieciséis	27	veintisiete	80	ochenta
6	seis	17	diecisiete	28	veintiocho	90	noventa
7	siete	18	dieciocho	29	veintinueve	100	cien
8	ocho	19	diecinueve	30	treinta	101	ciento uno
9	nueve	20	veinte	31	treinta y uno	102	ciento dos
10	diez	21	veintiuno	32	treinta y dos	111	ciento once

Fíjate:
Entre las decenas y las unidades se incluye la conjunción *y* a partir de *treinta*.

Género de los gentilicios y las profesiones

Masculino	Femenino	Masculino	Femenino
-o	*-a*	*-o*	*-a*
italian**o**	italian**a**	camarer**o**	camarer**a**
argentin**o**	argentin**a**	abogad**o**	abogad**a**
-consonante	-consonante + *a*	-consonante	-consonante + *a*
francés	frances**a**	profesor	profesor**a**
español	español**a**	escritor	escritor**a**
alemán	aleman**a**	conductor	conductor**a**

-a, -í, -ense, -iense	*-ista*
belg**a**	tax**ista**
ira**ní**	recepcion**ista**
estadouni**dense**	futbol**ista**
cana**diense**	

> Recuerda:
> Los gentilicios son adjetivos que indican la nacionalidad o el origen de una persona o cosa.

Pronombres sujeto

	Singular	Plural
1.ª persona	yo	nosotros, nosotras
2.ª persona	tú	vosotros, vosotras
3.ª persona	él, ella, usted	ellos, ellas, ustedes

- La mayoría de las veces no se usa el pronombre de sujeto porque el verbo indica la persona:

  ▶ *¿De qué trabaj**as**?* (tú)

  ▷ *Trabaj**o** de enfermero.* (yo)

- Las formas ***usted*** y ***ustedes*** son formales y sirven para mostrar respeto (personas mayores, superiores, desconocidos…) o distancia afectiva. Concuerdan con el verbo en tercera persona del singular y el plural, respectivamente.
- En Hispanoamérica y en algunas zonas de España (Canarias y Andalucía occidental) los pronombres *vosotros/as* no se usan; en su lugar, se usa ***ustedes***:

  *Aprenden **ustedes** mucho más cuando estudian cada día.*

- En el Cono Sur (Argentina, Uruguay y Paraguay, principalmente) la forma para ***tú*** es ***vos***:

  *Quiero saber algo de **vos**.*

- En otras partes de Hispanoamérica (México, América Central, Caribe) se usan las formas: ***tú***, ***usted*** y ***vos***.

Verbos *trabajar* y *vivir*

Los verbos ***trabajar*** y ***vivir*** son regulares, fíjate en las terminaciones:

	Trabajar	Vivir
yo	trabajo	vivo
tú	trabajas	vives
él, ella, usted	trabaja	vive
nosotros/as	trabajamos	vivimos
vosotros/as	trabajáis	vivís
ellos, ellas, ustedes	trabajan	viven

Verbos *ser* y *tener*

Es importante conocer los verbos *ser* y *tener* porque se usan muy frecuentemente. Son irregulares:

	Ser	Tener
yo	**soy**	**tengo**
tú	**eres**	**tie**nes
él, ella, usted	**es**	**tie**ne
nosotros/as	**somos**	tenemos
vosotros/as	**sois**	tenéis
ellos, ellas, ustedes	**son**	**tie**nen

Verbos pronominales

Algunos verbos muy habituales en español van acompañados de un pronombre reflexivo: *me, te, se, nos, os, se*, como, por ejemplo, el verbo *llamarse*:

	Llamarse
yo	**me** llamo
tú	**te** llamas
él, ella, usted	**se** llama
nosotros/as	**nos** llamamos
vosotros/as	**os** llamáis
ellos, ellas, ustedes	**se** llaman

Pronombres interrogativos: preguntar por información personal

- *¿Cómo* + verbo?
  ¿Cómo te llamas/se llama?
- *¿Dónde* + verbo?
  ¿Dónde vives/vive?
- *¿De dónde* + verbo?
  ¿De dónde eres/es?
- *¿De qué* + nombre + verbo?
  ¿De qué ciudad eres/es?
- *¿Cuánto/a/os/as* + nombre + verbo?
  ¿Cuántos años tienes/tiene?
- *¿Cuál/es es/son* + nombre?
  ¿Cuál es tu/su profesión?
  ¿Cuáles son tus/sus apellidos?
- *¿A qué* + *dedicarse?*
  ▶ *¿A qué te dedicas/se dedica?*
  ▷ *Soy estudiante de Económicas.*

Presentarse y dar información personal

- *Me llamo* + nombre
- *Tengo* + edad
- *Soy* + profesión
- *Soy* + nacionalidad/*Soy de* + país/ciudad
- *Vivo en* + ciudad/país
- *Trabajo/Estudio en* + lugar de trabajo o estudios

Presentar a otros y dar información personal sobre ellos

- *Mira/Mire, este/esta es* + nombre
- *Mira/Mire, estos/estas son* + nombres
- *Te/Le presento a* + nombre
- *Tiene* + edad
- *Es* + profesión
- *Es* + nacionalidad/*Es de* + país/ciudad
- *Vive en* + ciudad/país
- *Trabaja/Estudia en* + lugar de trabajo o estudios

Responder a la presentación

- ¡Hola!
- Encantado/Encantada (de conocerte/lo/la).
- Mucho gusto.

Saludos

Informal

- ¡Hola, ¿qué tal (estás)?
- ¿Cómo estás?
- Y tú, ¿qué tal?

Formal

- Buenos días,/Buenas tardes,/Buenas noches, ¿qué tal está usted?
- ¿Cómo está usted?

Despedidas

- Adiós.
- Adiós, + buenos días/buenas tardes/buenas noches.
- Hasta mañana/luego/pronto.
- *Hasta* + *el* + día de la semana

Pedir aclaraciones

- ¿Puedes repetir, por favor?
- Más despacio, por favor.
- ¿Cómo se dice en español "@"?
- ¿Qué significa "Pza."?

Abreviaturas y signos

- C/ › calle
- Av./Avd./Avda. › avenida
- Pl./Plza./Pza. › plaza
- Tfno./Tel./Teléf. › teléfono
- Móv. › móvil
- Cel. › celular
- @ › arroba
- www › uve doble, uve doble, uve doble; doble u, doble u, doble u; tres uves dobles; triple uve doble; triple doble u.
- . › punto
- - › guion, guion medio
- _ › guion bajo, barra baja
- / › barra

Unidad 2: Mi casa, mi barrio

Género de los nombres

- Son de género **masculino**:
  - Los nombres terminados en *-o*:
    piso, libro, teléfono...
  - Los nombres terminados en *-aje*:
    viaje, traje, garaje...
- Son de género **femenino**:
  - Los nombres terminados en *-a*:
    casa, planta, mesa...
  - Los nombres terminados en *-ción*, *-sión* y *-dad*:
    habitación, ocasión, verdad

Recuerda:
Hay algunas excepciones a esta norma: *la mano, la foto, la radio, el problema, el día...*

- Los nombres referidos a **personas** y **animales** suelen tener los dos géneros:
  niño/niña, chico/chica, profesor/profesora, perro/perra, gato/gata...
- Hay nombres que usan **palabras diferentes** para el masculino y el femenino:
  hombre/mujer, padre/madre, actor/actriz, caballo/yegua, toro/vaca...
- Los nombres que se refieren a **cosas** tienen solo **un género**:
  el baño, la cama, el libro, la mesa...
- Los nombres que terminan en consonante o en *-e* pueden ser masculinos o femeninos:
  el restaurante, el coche, la fuente, la calle, el lápiz, la pared...

Recuerda:
Para conocer el género de los nombres puedes consultar el diccionario.

Número de los nombres

Para formar el plural de los nombres se añade *-s* si el nombre termina en vocal y *-es* si el nombre termina en consonante:

piso › *pisos, casa* › *casas, ciudad* › *ciudades, televisión* › *televisiones...*

Fíjate:
Las palabras que terminan en *-z* hacen el plural en *-ces*:
lapiz › *lápices, actriz* › *actrices...*

Concordancia entre nombre y adjetivo

- Los adjetivos **concuerdan** en **género** y **número** con los nombres a los que acompañan:

  libro blanco, casa bonita, barrios céntricos, ventanas abiertas...

- Los adjetivos que terminan en *-o* tienen variación de género y número:

  bonito/bonita/bonitos/bonitas; rojo/roja/rojos/rojas...

- Los adjetivos que terminan en *-e* o en **consonante** no varían en cuanto al género, pero sí en cuanto al número:

  apartamento grande ↔ cocina grande — *apartamentos grandes ↔ cocinas grandes*

Artículo indeterminado y artículo determinado. Artículos contractos

- En español hay dos artículos:

	Indeterminado		Determinado	
	Masculino	**Femenino**	**Masculino**	**Femenino**
Singular	**un** restaurante	**una** cafetería	**el** restaurante	**la** cafetería
Plural	**unos** restaurantes	**unas** cafeterías	**los** restaurantes	**las** cafeterías

Indeterminado:
– Sirve para hablar **por primera vez** de un nombre que es desconocido por nuestro interlocutor:

Tengo un apartamento en Ibiza.

Determinado:
– Sirve para hablar de un nombre **ya conocido** por el interlocutor:

El apartamento tiene dos dormitorios.

- El artículo determinado *el* junto a las preposiciones *a* y *de* se contrae:

  a + el › ***al*** — *de + el* › ***del***

> Fíjate:
> Las contracciones *al* y *del* son las únicas que existen en español.

Verbo *estar*

- El verbo *estar* es un verbo irregular en algunas personas:

	Estar
yo	**estoy**
tú	**estás**
él, ella, usted	**está**
nosotros/as	estamos
vosotros/as	estáis
ellos, ellas, ustedes	**están**

- Se utiliza para **localizar** objetos y personas en el espacio y se combina con la preposición *en* y otras expresiones de lugar:

  *Mi hermano **está en** casa.*

  *El libro **está encima de** la mesa.*

Contraste *hay/está(n)*

- Para hablar de la **existencia** de algo o de alguien y de su cantidad, se usa la estructura *hay* + (*un/una/unos/unas*) + nombre. *Hay* tiene una sola forma para singular y plural:

  *En mi barrio **hay un restaurante, una peluquería, tres escuelas, cafeterías,** y **árboles** y **plantas** por todas partes.*

- También se usa para hablar de una **cantidad indeterminada**: *Hay* + *mucho/a/os/as - poco/a/os/as* + nombre:

  *En mi barrio hay **muchos restaurantes** pero **pocas farmacias**.*

- Para **localizar** algo o a alguien, se usa: *el/la/los/las* + nombre + *está(n)*:

  ***Los niños están** en la escuela.*

Expresiones de lugar

- Para **localizar** algo o a alguien en el espacio se usa el verbo ***estar*** y las expresiones de lugar. Estas son las más comunes:

- La preposición ***en*** puede sustituir a ***encima de*** y ***dentro de***:

  *El libro está **en/encima de** la mesa.* *Los platos están **en el/dentro del** armario.*

Cuantificadores

- Usamos ***mucho/a***, ***poco/a*** + nombre para expresar la cantidad de un concepto incontable:

  *En esta calle hay **mucho ruido**, en las iglesias antiguas hay **poca luz**.*

- Usamos ***muchos/as, pocos/as*** + nombre para expresar una cantidad indeterminada de conceptos contables:

  *En esta ciudad hay **muchas casas** y **pocos parques**.*

Números desde 100

100	**cien**	**300**	**tres**cientos/as	**800**	**ocho**cientos/as
101	**ciento** un(o)/una	**400**	**cuatro**cientos/as	**900**	**nove**cientos/as
102	ciento dos	**500**	**quinientos/as**	**1000**	**mil**
115	ciento quince	**600**	**seis**cientos/as	**1001**	mil un(o)/a
168	ciento sesenta y ocho	**700**	**sete**cientos/as	**1439**	mil cuatrocientos/as treinta y nueve
200	**dos**cientos/as	**793**	**sete**cientos/as noventa y tres		

Fíjate:
- ***Un/a*** y las centenas cambian de género según el nombre al que acompañan o se refieren:

  *ciento **un** euros/ciento **una** personas* *doscient**os** euros/doscient**as** personas*
- Entre las centenas y las decenas no se incluye *y*.

Números ordinales

Para indicar el orden de los elementos, se usan los **números ordinales**. Los números ordinales tienen el mismo género y número del nombre al que acompañan o al que se refieren:

- 1.º (er)/a/os/as › **primero** (primer)/a/os/as
- 2.º/a/os/as › **segundo**/a/os/as
- 3.º (er)/a/os/as › **tercero** (tercer)/a/os/as
- 4.º/a/os/as › **cuarto**/a/os/as
- 5.º/a/os/as › **quinto**/a/os/as
- 6.º/a/os/as › **sexto**/a/os/as
- 7.º/a/os/as › **séptimo**/a/os/as
- 8.º/a/os/as › **octavo**/a/os/as
- 9.º/a/os/as › **noveno**/a/os/as
- 10.º/a/os/as › **décimo**/a/os/as

Fíjate:
piso **primero** › **primer** piso
piso **tercero** › **tercer** piso

*Vivo en la **décima** planta de este edificio.* *Somos los **terceros** de la clase.*

Unidad 3: Vamos de viaje

Ir y *viajar*

El verbo *ir* es irregular. El verbo *viajar* es regular, fíjate en sus terminaciones:

	Ir	**Viajar**
yo	**voy**	viajo
tú	**vas**	viajas
él, ella, usted	**va**	viaja
nosotros/as	**vamos**	viajamos
vosotros/as	**vais**	viajáis
ellos, ellas, ustedes	**van**	viajan

Preposiciones *a* y *en*

La preposición ***a*** sirve para:

- Expresar la **dirección** y el **destino**:

  *Esta noche voy **a** un restaurante.*

  Recuerda: *a* + *el* › ***al***:

  *Voy **al** cine.*

- Expresar la **distancia** o el **tiempo**:

  *El colegio está **a dos calles** de aquí.*

  *Estamos **a tres minutos** en coche.*

La preposición ***en*** sirve para:

- **Localizar** personas, lugares u objetos:

  ***Tu casa está en** el centro de la ciudad.*

- Hablar del **medio de transporte**:

  *Vamos **en tren**.*

> Fíjate en estas excepciones:
> *ir **a** pie - ir **andando** - ir **a** caballo*

Verbos *poder, querer* y *preferir*: expresar posibilidad, deseos y preferencia

- Los verbos *poder, querer* y *preferir* son irregulares en presente de indicativo. Fíjate en sus formas:

	Poder	**Preferir**	**Querer**
yo	puedo	prefiero	quiero
tú	puedes	prefieres	quieres
él, ella, usted	puede	prefiere	quiere
nosotros/as	podemos	preferimos	queremos
vosotros/as	podéis	preferís	queréis
ellos, ellas, ustedes	pueden	prefieren	quieren

- ***Poder*** + infinitivo expresa **posibilidad**:

  *En la playa **puedes tomar** el sol.*

- ***Preferir*** + nombre/infinitivo expresa **preferencia**:

  ***Prefiero el autobús/ir** en autobús porque es más barato.*

- ***Querer*** + nombre/infinitivo expresa **deseos**:

  *Los niños **quieren un helado**.*

  *Marta **quiere visitar** museos.*

Hay, ser y *estar*

- ***Hay*** se usa para hablar de la **existencia** o **inexistencia** de algo:

  *Cerca del museo **hay** un parque.* *En el hotel no **hay** restaurante.*

- ***Ser*** + adjetivo se usa para **describir** objetos, lugares y personas:

  *La mesa **es** grande.* *Barcelona **es** cosmopolita.* *Amelia **es** simpática.*

- ***Estar*** se usa para **localizar** objetos, lugares y personas en el espacio:

  *El bolígrafo **está** en la mesa.* *La estación **está** cerca del hotel.* *¿Dónde **están** tus padres?*

Valorar

Cuando valoramos el aspecto **más positivo** o **más negativo** de algo o alguien, se usa *lo mejor* y *lo peor*:

Lo mejor de este hotel es la atención y lo peor es que no hay restaurante.

Expresar causa

¿Por qué...? se usa para **preguntar** por la causa y *porque* para **responder**:

▶ *¿Por qué te vas?*

▷ *Porque tengo clase.*

Pedir y dar información

- Para **pedir información** puedes usar:
  - Perdón, ¿cómo puedo/podemos ir a...?
  - Por favor, ¿dónde está/están...?

  Perdón, ¿cómo podemos ir a plaza Central?

- Para **hacer aclaraciones más precisas** puedes usar:
  - (Mira/Mire),
    gira/gire a la derecha/izquierda... en...
    cruza/cruce la calle...
    sigue/siga todo recto por esta/la calle... hasta...
  - Allí/Allá está/están...

  ▶ *Por favor, ¿dónde está la oficina de información?*

  ▷ *Mira, sigue todo recto hasta la segunda calle, gira a la derecha y cruza la calle. Allí está la oficina de información.*

- Para **dar información** puedes usar:
  - *Puede(s)/Pueden* + *tomar/coger/ir en* + medio de transporte

  Pueden coger el metro o ir en el autobús.

Fíjate:

- Las formas *mira, gira, cruza* y *sigue* son informales, se usan con *tú*. *Mire, gire, cruce* y *siga* son formales, se usan con *usted*.
- En español, para hablar de la cercanía o lejanía, se utilizan los adverbios:
  - **aquí** (más cerca del hablante)
  - **ahí** (distancia intermedia)
  - **allí** (más lejos del hablante)
- En Hispanoamérica se prefieren las formas *acá* y *allá* en lugar de *aquí* y *allí*.

Preguntar y decir el precio de algo

Para preguntar y decir el **precio** de algo se usa el verbo *costar*, que es irregular:

▶ *¿Cuánto cuesta la excursión?*

▷ *Cuesta 20 euros.*

Unidad 4: En familia

Presente de indicativo regular: verbos terminados en *-ar, -er, -ir*

- En español existen **tres conjugaciones**, es decir, todos los infinitivos acaban en: *-ar, -er* o *-ir*. Cada una tiene sus propias terminaciones:

	Hablar	Aprender	Escribir
yo	hablo	aprendo	escribo
tú	hablas	aprendes	escribes
él, ella, usted	habla	aprende	escribe
nosotros/as	hablamos	aprendemos	escribimos
vosotros/as	habláis	aprendéis	escribís
ellos, ellas, ustedes	hablan	aprenden	escriben

- El presente se usa para expresar **acciones habituales** (con **expresiones de frecuencia** como: *normalmente, todos los días, con mucha frecuencia, a veces, los domingos...*) o **acciones** que se realizan en el **presente**:

  Todos los días me levanto a las 7 h para ir a trabajar.
  A veces voy al cine los domingos.
  Vivo en Madrid.

Hablar de acciones que están en proceso

- Para hablar de acciones que **se están desarrollando** en este momento se usa la estructura *estar* + gerundio:

estoy		
estás		cocin**ando**
está	+	aprend**iendo**
estamos		escrib**iendo**
estáis		
están		

- Para formar el gerundio se sustituye la terminación del verbo por estas terminaciones:
  – verbos en *-ar* › *-ando*
  – verbos en *-er, -ir* › *-iendo*

  *En este momento **estoy estudiando**, hablamos mañana.*

Fíjate:
- dormir › d**u**rmiendo
- leer › le**y**endo
- pedir › p**i**diendo
- vestir › v**i**stiendo
- ir › **y**endo
- morir › m**u**riendo
- decir › d**i**ciendo
- oír › o**y**endo
- sentir › s**i**ntiendo

Adjetivos y pronombres demostrativos

Los demostrativos sirven para indicar **la distancia** entre los interlocutores y el objeto o persona a los que se refieren. Pueden utilizarse como adjetivos (si acompañan al nombre) o como pronombres (si van solos):

	Masc. singular	Fem. singular	Masc. plural	Fem. plural	
Aquí	este	esta	estos	estas	
Ahí	ese	esa	esos	esas	(+ nombre)
Allí	aquel	aquella	aquellos	aquellas	

***Esta casa** es muy grande.* (Cerca de los interlocutores, aquí).
***Esos vestidos** son caros.* (A media distancia de los interlocutores, ahí).
***Aquel profesor** es simpático.* (Lejos de los interlocutores, allí).

Fíjate:
Es frecuente utilizar las manos para señalar el objeto del que estamos hablando, reforzando así la idea de cercanía o lejanía.

Adjetivos posesivos

- Los posesivos indican de **quién** es un objeto o la relación de **parentesco** entre las personas:

	Singular	Plural	
Un poseedor	mi tu su	mis tus sus	(yo) (tú) (él, ella, usted)
Varios poseedores	nuestro/a vuestro/a su	nuestros/as vuestros/as sus	(nosotros/as) (vosotros/as) (ellos, ellas, ustedes)

- El posesivo concuerda en género y número con la persona o cosa poseída:

  *Ellos son **mis hermanos** Antonio y Miguel.*
  ***Nuestra familia** es muy numerosa.*

- El posesivo *su* puede referirse a uno o a varios poseedores:

  ***Su madre** es muy amable.* (Puede ser la madre de él, de ella, de ellos, de ellas, de usted o de ustedes)

Expresar frecuencia

– (casi) nunca • a veces • con frecuencia • a menudo • normalmente • siempre → +

Describir el físico y el carácter

- Para describir el **físico** puedes usar:

Ser	Tener		Tener/Llevar
– alto-a/bajo-a – gordo-a/delgado-a – guapo-a/feo-a – rubio-a/moreno-a – pelirrojo-a	– los ojos negros, verdes, azules, marrones… oscuros/claros	– el pelo rubio, moreno, castaño, negro, blanco… corto/largo liso/rizado	– barba – bigote

- Para describir el **carácter** puedes usar:

Ser			Tener
– alegre – simpático/a – antipático/a	– serio/a – sociable – tímido/a	– trabajador/a – inteligente – torpe	– buen/mal carácter

Cuando describimos un aspecto físico o del carácter un poco negativo, lo podemos suavizar con ***un poco*** o con las terminaciones ***-ito/a/os/as***:

*Alejandro es **un poco serio**, pero muy buena persona.* *Mi hermano pequeño es muy guapo pero es **bajito**.*

- Para describir **la ropa y los complementos** se usa el verbo *llevar*:

__Lleva__ unos vaqueros, una camisa blanca y gafas de sol.

Hablar de relaciones personales

Para describir el tipo de relación que tienes con otras personas puedes usar estas estructuras:

- Tener (muy) buena/mala relación con…
- Tener mucha/(muy) poca relación con…

*Tengo **muy buena relación** con mis abuelos, pero **poca relación** con mis tíos porque viven en otro país.*

Unidad 5: Igual que todos los días

Presente de indicativo: verbos irregulares

	e > ie Cerrar	Otros verbos	o > ue Dormir	Otros verbos	e > i Pedir	Otros verbos	u > ue Jugar
yo	**cie**rro	empezar	**due**rmo	recordar	**pi**do	reírse	**jue**go
tú	**cie**rras	comenzar	**due**rmes	poder	**pi**des	repetir	**jue**gas
él, ella, usted	**cie**rra	merendar	**due**rme	volver	**pi**de	vestirse	**jue**ga
nosotros/as	cerramos	querer	dormimos	contar	pedimos	medir	jugamos
vosotros/as	cerráis	preferir	dormís	costar	pedís	elegir	jugáis
ellos, ellas, ustedes	**cie**rran	despertarse	**due**rmen	acostarse	**pi**den	corregir	**jue**gan

Algunos verbos tienen un cambio ortográfico para conservar el sonido original del infinitivo. Este cambio no se considera una irregularidad: co**g**er > co**j**o; conven**c**er > conven**z**o; se**gu**ir > si**g**o…

RAE

GRAMÁTICA
- Recuerda que la forma vos se usa principalmente en Argentina, Uruguay y Paraguay.
- El presente de la forma *vos* es regular: *vos* pensás, sabés, tenés, dormís, jugás, pedís, hacés, decís…:

*Vos **pensás** así porque no **tenés** hijos…*

Verbos que tienen la primera persona *(yo)* irregular

	Hacer	Saber	Salir	Poner	Dar	Ver	Conocer
yo	**hago**	**sé**	**salgo**	**pongo**	**doy**	**veo**	**conozco**
tú	haces	sabes	sales	pones	das	ves	conoces
él, ella, usted	hace	sabe	sale	pone	da	ve	conoce
nosotros/as	hacemos	sabemos	salimos	ponemos	damos	vemos	conocemos
vosotros/as	hacéis	sabéis	salís	ponéis	dais	veis	conocéis
ellos, ellas, ustedes	hacen	saben	salen	ponen	dan	ven	conocen

Verbos con doble irregularidad: *tener* y *venir*

- Algunos verbos tienen una doble irregularidad como *tener* y *venir*: la primera persona irregular y el cambio vocálico *e* › *ie*:

	Tener	Venir
yo	**tengo**	**vengo**
tú	t**ie**nes	v**ie**nes
él, ella, usted	t**ie**ne	v**ie**ne
nosotros/as	tenemos	venimos
vosotros/as	tenéis	venís
ellos, ellas, ustedes	t**ie**nen	v**ie**nen

Verbos con irregularidad propia

- Los verbos *ser, estar* e *ir* tienen una irregularidad propia:

	Ser	Estar	Ir
yo	**soy**	**estoy**	**voy**
tú	**eres**	**estás**	**vas**
él, ella, usted	**es**	**está**	**va**
nosotros/as	**somos**	estamos	**vamos**
vosotros/as	**sois**	estáis	**vais**
ellos, ellas, ustedes	**son**	**están**	**van**

Verbos reflexivos

- Se forman añadiendo los pronombres *me, te, se, nos, os,* y *se*:

	Levantarse	Otros verbos
yo	**me** levanto	duchar**se**
tú	**te** levantas	despertar**se**
él, ella, usted	**se** levanta	llamar**se**
nosotros/as	**nos** levantamos	apellidar**se**
vosotros/as	**os** levantáis	vestir**se**
ellos, ellas, ustedes	**se** levantan	lavar**se**

- Los verbos reflexivos expresan que la **acción** se hace **sobre el propio sujeto**. Muchos de los verbos que expresan acciones cotidianas son reflexivos: *lavarse, ducharse, levantarse, acostarse...*:

  Me ducho todos los días a las ocho de la mañana.

  Te acuestas muy tarde y por eso tienes sueño.

Hablar de la frecuencia

- *los* + día de la semana

  Los lunes voy al gimnasio por la tarde.

- Estos son los días de la semana. No cambian en plural, excepto *el sábado* › *los sábados* y *el domingo* › *los domingos*:

  el **lunes** – los **lunes**
  el **martes** – los **martes**
  el **miércoles** – los **miércoles**
  el **jueves** – los **jueves**
  el **viernes** – los **viernes**
  el **sábado** – los **sábados**
  el **domingo** – los **domingos**

- Para hablar del sábado y el domingo también puedes usar *el fin/los fines de semana.*

- (casi) todos los días/meses /años/fines de semana
  *Organizamos dos o tres viajes **casi todos los años**.*
- (casi) todas las mañanas/tardes/noches/semanas
  ***Casi todas las mañanas** voy a la escuela en autobús.*
- una vez/n.º veces al día/a la semana/al mes/al año
  *Hago yoga **tres veces a la semana**.*
- normalmente/a veces
  ***Normalmente** desayuno en casa.*
  ***A veces** cenamos fuera.*
- (casi) siempre/nunca
  ***Casi siempre** estudio por la tarde.*
  ***Nunca** tomo café.*

> Estas expresiones pueden aparecer en diferentes posiciones dentro de la frase:
> *No tomo café **nunca**.* ‹› ***Nunca** tomo café.*
> ***Normalmente** desayuno en casa.* ‹› *Desayuno en casa **normalmente**.*

Hablar de las partes del día y relacionar acciones en el tiempo

- En el español de España se prefiere la preposición *por* para hablar de las **partes del día**. En cambio, en el español de América se prefiere la preposición *en*:
  ***Por la mañana** voy a clase.* *Te veo mañana **en la mañana**.*
- Para **ordenar** las acciones en el tiempo se usa:
  – primero – luego/después – por último/finalmente
  ***Primero** desayuno, **luego** me ducho, **después** me visto y **por último** me lavo los dientes.*
- Para hablar de acciones **posteriores** a otras puedes usar ***después de*** + infinitivo/nombre:
  ***Después de ducharme/la ducha** me visto.*
- Para hablar de acciones **anteriores** a otras puedes usar ***antes de*** + infinitivo/nombre:
  *Todos los días corro por el parque **antes de cenar/la cena**.*

> Fíjate:
> Aunque el **mediodía** marca una hora concreta del día (las 12:00), en España y en la mayoría de países de Hispanoamérica es un periodo de tiempo que incluye la hora de la comida (entre las 12:00 y las 15:00 h).

Hablar de la hora, la fecha y los horarios

- Para preguntar la hora se usa:
  ¿Qué hora es? *¿Qué hora tienes?*
- Y para decir la hora:
  ***Es la una** y cinco (minutos).*
  ***Son las dos**/tres/cuatro... **menos** tres (minutos).*
  *Son las tres **y cuarto/media, menos cuarto**.*
- En contextos formales se usa el formato 24 horas para expresar la hora:
  El tren sale a las 17:30. (El tren sale a las diecisiete treinta horas).
- Para hablar de **fechas** se usa *el* + día + *de* + mes:
  *Mi cumpleaños es **el 20 de febrero**.*

> Recuerda:
> Los meses del año son: **enero, febrero, marzo, abril, mayo, junio, julio, agosto, septiembre, octubre, noviembre** y **diciembre**.

- Para **preguntar por los horarios** puedes usar:
  – ¿Cuál es el horario de...? – ¿A qué hora abre/cierra...?
  – ¿Qué días abre/cierra...?
- Para **hablar de los horarios** puedes usar:
  – a las + hora
  *El museo cierra **a las** siete de la tarde.*
  – de/desde las + hora a/hasta las + hora
  *El horario de las tiendas normalmente es **de/desde las** 09:00 o 10:00 **a/hasta las** 20:00.*
  – ... hasta las + hora
  *En Ciudad de México algunos bancos abren **hasta las** siete de la tarde.*
  – entre las + hora y las + hora
  *Los bancos atienden al público de lunes a viernes, **entre las** 09:00 **y las** 16:00.*

Unidad 6: No me gusta, ¡me encanta!

Gustar, encantar e interesar

- Para **expresar gustos** usamos los verbos *gustar* y *encantar*, y para **expresar intereses** el verbo *interesar*. Estos verbos tienen una construcción especial:

(a mí)	(no)	**me**	+	gusta	+ infinitivo/nombre singular
(a ti)		**te**		encanta	
(a él, ella, usted)		**le**		interesa	
(a nosotros/as)		**nos**		gustan	+ nombre plural
(a vosotros/as)		**os**		encantan	
(a ellos, ellas, ustedes)		**les**		interesan	

*(A mí) Me **gusta jugar** al baloncesto.* *(A vosotros) Os **gusta el baloncesto**.* *(A Francis) Le **gustan los deportes**.*

El verbo ***encantar*** expresa el gusto en grado máximo: significa 'me gusta mucho'.

- Hay otros muchos verbos en español que tienen la misma estructura que *gustar* como *molestar, doler, aburrir, asustar*...:

Me asusta la oscuridad. *Nos aburre ir de compras.*

Adverbios *mucho, bastante, poco, nada*

- Para graduar los gustos o intereses podemos usar los adverbios ***mucho***, ***bastante***, ***poco*** o ***nada***:

*Me gusta **mucho** el fútbol.*

*Me gusta **bastante** cocinar.*

*Me gusta **poco** bailar. = **No** me gusta **mucho** bailar.*

***No** me gustan **nada** los deportes de riesgo.*

- Con el verbo ***encantar*** no se usan estos adverbios, porque ***encantar*** indica el grado máximo de satisfacción y, por tanto, no se puede graduar:

Me encanta ~~mucho~~ el cine.

- Para expresar el **grado máximo de insatisfacción** se puede usar también el verbo ***odiar***. Este verbo funciona como la mayoría de los verbos que conoces y es regular:

***Odio** el cine.*

*Mis padres **odian** llegar tarde.*

Igual que ocurre con el verbo ***encantar***, el verbo ***odiar*** no admite cuantificadores porque indica el grado máximo de insatisfacción, en este caso.

Expresar gustos iguales y gustos diferentes

Gustos iguales

- **Yo/A mí también**

▶ *Yo estudio español.*
▷ ***Yo también.***

▶ *(A mí) Me gusta bailar.*
▷ ***A mí también.***

- **Yo/A mí tampoco**

▶ *Yo no hablo italiano.*
▷ ***Yo tampoco.***

▶ *(A mí) No me gusta el fútbol.*
▷ ***A mí tampoco.***

Gustos diferentes

- **Yo/A mí no**

▶ *Yo estudio español.*
▷ ***Yo no.***

▶ *(A mí) Me gusta bailar.*
▷ ***A mí no.***

- **Yo/A mí sí**

▶ *Yo no hablo italiano.*
▷ ***Yo sí.***

▶ *(A mí) No me gusta el fútbol.*
▷ ***A mí sí.***

Interactuar en un bar o restaurante

- El/La camarero/a **pregunta**:
  - ¿**Qué quieres/queréis tomar?** (Informal)
  - ¿Qué **quiere/quieren** tomar? (Formal)
  - ¿**Y de** segundo/de beber/de postre...?
  - ¿**Quieres/Queréis** tomar café/**algo más**? (Informal)
  - ¿**Quiere/Quieren** tomar café/**algo más**? (Formal)
- El/La cliente **dice**:
  - (**De** primero/segundo/beber/postre...) **Yo (quiero)**...
  - **Para mí**...
  - **A mí me pones/pone** (formal)...

- Para **pedir aclaraciones** sobre un plato o sus ingredientes:
  - *¿**De qué es** la tarta de la casa?*
  - *Una pregunta: ¿**Qué son** chipirones?*
  - *¿**Qué lleva** la ensalada mixta?*
- Para **explicar un plato** o sus ingredientes:

  Es de chocolate.

  Los chipirones son un tipo de pescado.

  Lleva lechuga, tomate, atún, aceitunas y huevo.
- Para **pedir la cuenta**:
  - ¿Cuánto es (todo)?
  - La cuenta, por favor.
  - ¿Me/Nos traes/trae la cuenta, por favor?

Unidad 7: Buenas intenciones

Los días de la semana, los meses y las estaciones del año

Días de la semana		Meses del año			Estaciones del año
lunes	viernes	enero	mayo	septiembre	primavera
martes	sábado	febrero	junio	octubre	verano
miércoles	domingo	marzo	julio	noviembre	otoño
jueves		abril	agosto	diciembre	invierno

Fíjate:
Los meses del año se escriben en minúscula:
En enero me voy a esquiar a la sierra.

Ir a + infinitivo

- Para **hablar de planes y proyectos en un futuro próximo** puedes utilizar *ir a* + infinitivo:

  *Este fin de semana **voy a ir** a esquiar.*

  También se usa esta estructura cuando algo va a ocurrir de manera inminente:

  *La clase **va a empezar**, entrad.*

- Para hablar del **futuro** puedes utilizar **marcadores temporales** como:
  - esta tarde/noche
  - este fin de semana/verano/lunes...
  - el próximo año/la próxima semana...
  - el año/la semana que viene...
  - el lunes, el martes...
  - en enero/febrero...
  - en verano/invierno...
  - mañana

Recuerda:
El verbo *ir* es irregular en presente:
voy, vas, va, vamos, vais, van.

- Con estos marcadores se puede usar el presente de indicativo para **hablar de futuro** cuando lo presentamos como algo seguro:

  *El lunes **tengo** un examen de Historia.*

Contraste *por/para*

- Para expresar **causa** se usa *¿Por qué?* › *Por* + nombre/ *Porque* + frase:
  ▶ *¿**Por qué** estudias español?*
  ▷ *Estudio español **por** mi trabajo.*
  ▷ *Estudio español **porque** trabajo en Argentina.*
- Para expresar **finalidad** se usa *¿Para qué?* › *Para* + infinitivo:
  ▶ *¿**Para qué** quieres aprender español?*
  ▷ *Quiero aprender español **para** viajar por Hispanoamérica.*
- Con la preposición *por* además de **causa** se expresa:
  – Tiempo:
  __Por__ la mañana voy al gimnasio.
  – Lugar aproximado:
  *¿Está mi libro **por** aquí?*
- Con la preposición *para* además de **finalidad** se expresa:
  – Plazo de tiempo:
  *Este ejercicio es **para** mañana.*
  – Dirección:
  *Vamos **para** Madrid.*

Hablar de planes e intenciones

- Para expresar la **intención de hacer algo en el futuro** puedes utilizar la estructura *pensar* + infinitivo:
  *El próximo año **pienso hacer** un curso de pintura.*

> Recuerda:
> El verbo ***pensar*** es irregular en presente: *__pie__nso, __pie__nsas, __pie__nsa, pensamos, pensáis, __pie__nsan.*

- Para **preguntar** por **planes** e **intenciones** puedes usar estas estructuras:
  – ¿*Va(s) a* + infinitivo?
  *¿**Vas a ir** al cine esta tarde?*
  – ¿Presente + marcador temporal de futuro?
  *¿**Salís mañana**?*
- Para **proponer y sugerir planes** se usa:
  – ¿*Quiere(s)* + infinitivo/nombre?
  *¿**Quieres** cenar fuera?*
  – ¿*Te/Le apetece* + infinitivo/nombre?
  *¿**Te apetece** un café?*
  – ¿Presente de *nosotros/as* + marcador temporal de futuro?
  *¿**Salimos mañana**?*
- Para **aceptar una propuesta o invitación** usamos:
  – (Sí,) Vale.
  – De acuerdo.
  – Vale, ¿por qué no?
  – Bueno, vale, pero... (Para aceptar con condiciones).
- Para **rechazar una propuesta o invitación** usamos:
  – ***(No,) Lo siento,*** + ***es que*** + explicación o excusa
  ▶ *¿Quieres venir a estudiar a mi casa?*
  ▷ ***No, lo siento, es que** me concentro más estudiando solo en mi habitación.*

> Fíjate:
> Cuando se rechaza una propuesta o invitación es necesario justificar el rechazo. Lo habitual es usar ***es que***.

Expresar obligación o necesidad

- Para expresar **obligación** o **necesidad de manera personal** puedes utilizar *tener que* + infinitivo:
  ***Tengo que ir** a clase todos los días.* (Obligación).
  ***Tengo que comprarme** un paraguas nuevo, esta mañana el viento me lo ha roto.* (Necesidad).

  Para expresar **necesidad** también puedes usar *necesitar* + nombre/infinitivo:
  ***Necesitas un documento** de identificación para viajar a otro país.*
  ***Necesito salir** un poco a la calle, aquí dentro hace demasiado calor.*

> Recuerda:
> El verbo ***tener*** es irregular en presente: *tengo, tienes, tiene, tenemos, tenéis, tienen.*

- Para expresar **obligación o necesidad de manera general** utilizamos *hay que* + infinitivo:
  *En España **hay que tomar** doce uvas la última noche del año para tener buena suerte.*

Dar consejos y hacer sugerencias

- Puedes utilizar ***tiene(s) que*** y ***puede(s)*** + infinitivo para **dar consejos y hacer sugerencias**:

  __Tienes que dormir__ ocho horas para sentirte bien. *__Puedes tomar__ un calmante si te duele la cabeza.*

- También se puede usar ***hay que*** + infinitivo, que expresa un consejo o sugerencia de carácter general:

  A la excursión __hay que llevar__ una botella de agua y crema solar porque hace mucho calor.

Expresar deseos

- Para expresar **deseos** puedes utilizar ***querer*** + infinitivo:

  El próximo año __quiero viajar__ a España para mejorar mi español.

Recuerda:
El verbo ***querer*** es irregular en presente: *qu**ie**ro, qu**ie**res, qu**ie**re, queremos, queréis, qu**ie**ren.*

Opinar y valorar

- ***Creo que*** es la estructura más frecuente para expresar nuestra **opinión**:

  __Creo que__ es necesario aprender al menos dos lenguas.

- Para **valorar un hecho** o una **idea** se usa:

  Es (muy/bastante/un poco) + adjetivo de valoración + infinitivo

  __Es importante hacer__ ejercicios para recordar lo que aprendemos.

  Algunos adjetivos para valorar son: *útil, necesario, bueno, malo, difícil, fácil, aburrido, divertido, importante, absurdo...*

Unidad 8: Cuídate mucho

Imperativo afirmativo

Usamos el imperativo para **dar instrucciones**, **órdenes** y **consejos**.

- **Verbos regulares**

	Hablar	**Beber**	**Abrir**
tú	habl**a**	beb**e**	abr**e**
usted	habl**e**	beb**a**	abr**a**
vosotros/as	habl**ad**	beb**ed**	abr**id**
ustedes	habl**en**	beb**an**	abr**an**

- **Verbos con irregularidades vocálicas**

	Empezar (e › ie)	**Volver (o › ue)**	**Pedir (e › i)**
tú	emp**ie**za	v**ue**lve	p**i**de
usted	emp**ie**ce	v**ue**lva	p**i**da
vosotros/as	empezad	volved	pedid
ustedes	emp**ie**cen	v**ue**lvan	p**i**dan

Fíjate:
- Las irregularidades del imperativo son las mismas que las del presente (*e › ie, o › ue, e › i*) en las formas ***tú, usted*** y ***ustedes***.
- La forma ***vosotros/as*** siempre es regular.

- **Otros verbos irregulares**

	Ser	Tener	Hacer	Poner	Ir	Venir	Salir	Decir
tú	**sé**	**ten**	**haz**	**pon**	**ve**	**ven**	**sal**	**di**
usted	**sea**	**tenga**	**haga**	**ponga**	**vaya**	**venga**	**salga**	**diga**
vosotros/as	sed	tened	haced	poned	id	venid	salid	decid
ustedes	**sean**	**tengan**	**hagan**	**pongan**	**vayan**	**vengan**	**salgan**	**digan**

- Algunos verbos sufren cambios ortográficos en las formas de ***usted*** y ***ustedes***. Son los verbos terminados en:

  -car: bus**car** › bus**qu**e, bus**qu**en
  -ger, **-gir**: ele**gir** › eli**j**a, eli**j**an
  -gar: car**gar** › car**gu**e, car**gu**en
  -zar: empe**zar** › emp**iec**e, emp**iec**en

- Los verbos reflexivos en imperativo llevan el pronombre correspondiente **a continuación del verbo y unido a él:** *levanta**rse** › levánta**te**, levánte**se**, levanta**os**, levánten**se**.*
  En los verbos reflexivos, la forma ***vosotros/as*** pierde la *-d-*: *levanta~~d~~os › levanta**os**.*

RAE

GRAMÁTICA

- En las zonas voseantes de América, el imperativo tiene una forma propia para la persona vos *(hablá, bebé, abrí, empezá, volvé, elegí, tené, hacé, poné, vení, salí, decí...)*:
  ***Empezá** vos, por favor.* ***Comé, comé**, está muy bueno.*
- El verbo ir (imperativo ve) no suele utilizarse y se usa andá (verbo andar): ***Andá**, que es tarde.*

Pronombres de objeto directo

- Muchos verbos llevan un complemento (que puede ser una persona o un objeto) llamado **objeto directo**. Cuando este complemento ya se ha mencionado anteriormente, se sustituye por un pronombre. Los pronombres de objeto directo son:

yo	me
tú	te
él, ella, usted	lo/la
nosotros/as	nos
vosotros/as	os
ellos, ellas, ustedes	los/las

*Esas revistas son mías. **Las** compro todas las semanas.*

- El objeto directo va normalmente antes del verbo. Sin embargo, con el imperativo, el infinitivo y el gerundio siempre se coloca **a continuación** del verbo formando una sola palabra con él:
  *Quítate el abrigo y pon**lo** en el perchero.*
  *Estos libros tienes que leer**los**, son obligatorios para aprobar Literatura.*
  ▶ *¿Qué haces con esa chaqueta?*
  ▷ *Estoy probándome**la**.*

En los dos últimos casos, es posible poner los pronombres **delante del verbo principal**:
*Estos libros **los** tienes que leer, es obligatorio para aprobar Literatura.*
▶ *¿Qué haces con esa chaqueta?*
▷ *Me **la** estoy probando.*

Otras estructuras para dar consejos

Además del imperativo, puedes usar estas otras estructuras para dar consejos:

- ***Tener que*** + infinitivo
  ***Tienes que ir** al médico ahora mismo. Estás muy acatarrado.*
- ***Hay que*** + infinitivo (para dar consejos de manera general)
  *Con el resfriado **hay que beber** agua.*
- ***Deber*** + infinitivo
  ***Debe** usted **ir** a casa y hacer reposo.*

  Recuerda: Estas tres estructuras se usan también para expresar obligación.

- ***Poder*** + infinitivo
  ***Puedes hacer** algo de ejercicio para ayudar a la dieta de adelgazamiento.*

  Recuerda: Esta estructura se usa también para expresar posibilidad.

- ***Te/Le recomiendo/aconsejo*** + infinitivo
  ***Te recomiendo tomar** miel con limón para la garganta.*

Pedir y responder a la petición

- Pedir un **favor**:
  - *(Por favor,) ¿**Puede(s)*** + infinitivo?

    *Por favor, ¿**puedes ayudarme** a hacer los deberes?*
- Pedir un **objeto**:
  - *(Por favor,) ¿**Tiene(s)*** + nombre?
  - *(Por favor,) ¿**Me da(s)/deja(s)/presta(s)*** + nombre?

    *¿**Me prestas** un bolígrafo, por favor?*
- Pedir **permiso**:
  - *¿**Puedo*** + infinitivo?

    *¿**Puedo** ir al servicio?*

- **Aceptar** una petición:
  - **Sí, claro/por supuesto.**
  - ***Sí,*** + imperativo

    ▶ *¿Puedo entrar?* ▷ *Sí, **pasa, pasa**.*

> Fíjate:
> Es habitual repetir el imperativo para conceder permiso.

- **Denegar** una petición:
  - **No, lo siento, es que...**

    ▶ *¿Me dejas el diccionario? **Es que** el mío está en casa.*

    ▷ ***No, lo siento, es que** estoy usándolo yo ahora.*

> Fíjate:
> Es muy habitual dar una excusa o una justificación cuando no aceptamos una petición y cuando pedimos algo.

Verbos para expresar síntomas y enfermedades

- Los verbos ***doler*** y ***picar*** se construyen como el verbo ***gustar***, en tercera persona del singular o plural:

  ***Le duele** la cabeza.* ***Le pican** los brazos.*

  Equivalen a las expresiones ***tener dolor de*** y ***tener picor de***, respectivamente:

  *Le duelen los oídos. = **Tiene dolor de** oídos.* *Le pican los ojos = **Tiene picor de** ojos.*
- Lo mismo ocurre con verbos específicos como ***marearse***, ***toser*** y ***vomitar***:

  Se marea. = Tiene mareos. *Tose = Tiene tos.* *Vomita = Tiene vómitos.*
- Otras expresiones son:
  - **Estoy/Me siento cansado/a**
  - **Estoy resfriado/a, mareado/a, enfermo/a...**
  - ***Tengo*** + síntoma o enfermedad *(tos, fiebre, gripe...)*

    ***Tengo tos** y **estoy muy cansada**, seguro que **tengo gripe**.*

Unidad 9: Experiencias vividas

Pretérito perfecto regular e irregular

- El **pretérito perfecto** de indicativo es un **tiempo del pasado** que se forma con el **presente** del verbo *haber* y el **participio** del verbo principal.
- El **participio regular** de los verbos se forma sustituyendo la terminación *-ar* por *-ado* y las terminaciones *-er* e *-ir* por *-ido*:

	Hablar	**Comer**	**Vivir**
yo	**he** habl**ado**	**he** com**ido**	**he** viv**ido**
tú	**has** habl**ado**	**has** com**ido**	**has** viv**ido**
él, ella, usted	**ha** habl**ado**	**ha** com**ido**	**ha** viv**ido**
nosotros/as	**hemos** habl**ado**	**hemos** com**ido**	**hemos** viv**ido**
vosotros/as	**habéis** habl**ado**	**habéis** com**ido**	**habéis** viv**ido**
ellos, ellas, ustedes	**han** habl**ado**	**han** com**ido**	**han** viv**ido**

> Fíjate:
> En los verbos reflexivos, el pronombre se coloca delante del verbo *haber*:
>
> ***me** he duchado, **te** has perdido, **nos** hemos vestido...*

- Algunos verbos tienen un participio irregular:

abrir › **abierto**	hacer › **hecho**	romper › **roto**
decir › **dicho**	morir › **muerto**	ver › **visto**
escribir › **escrito**	poner › **puesto**	volver › **vuelto**

- Usamos el pretérito perfecto para hablar de **acciones terminadas** en un **pasado no terminado** o para hablar de **experiencias vividas**:

  Este mes he tenido dos exámenes. (La acción es pasada, pero el tiempo es presente, pues el mes aún no ha terminado).

  Nunca he montado en moto. (Se habla de una experiencia. En este caso no importa cuándo sucede la acción, solo si se ha producido o no).

- Los **marcadores temporales** más usados con pretérito perfecto son:
  - hoy
  - este mes/año/verano/otoño/invierno...
  - esta mañana/tarde/noche/semana/primavera...
  - una vez/x veces
  - alguna vez
  - siempre/nunca

RAE

GRAMÁTICA

En el español de América y en el español de España de las zonas de Galicia, Asturias, parte de León y Canarias es más frecuente el uso del pretérito indefinido en lugar del pretérito perfecto para hablar de acciones terminadas en un tiempo no terminado:

Español de América: *Estoy muy cansado porque esta mañana* ***salí*** *de casa muy temprano y no* ***llegué*** *hasta las nueve de la noche.* ***Fue*** *un día muy largo.*

En el español de España (salvo en las zonas mencionadas anteriormente) se dice: *Estoy muy cansado porque esta mañana* ***he salido*** *de casa muy temprano y no* ***he llegado*** *hasta las nueve de la noche.* ***Ha sido*** *un día muy largo.*

Adjetivos y pronombres indefinidos

- Los indefinidos hablan de la **existencia** o **inexistencia** de personas o cosas. Hacen referencia a una cantidad indeterminada. Pueden acompañar a un nombre (son adjetivos) o ir solos (son pronombres):

	Existencia		Inexistencia	
	Masculino	**Femenino**	**Masculino**	**Femenino**
Singular	*algún* + nombre m. alguno	alguna	*ningún* + nombre m. ninguno	ninguna
Plural	algunos	algunas	ningunos	ningunas

Fíjate:

Algún y *ningún* se usan delante de un nombre masculino singular.

▶ *Antonio, ¿hay* ***algún problema****?*
▷ *No,* ***ninguno****. = No,* ***ningún problema****.*

▶ *¿Hay* ***alguna chica*** *rusa en clase?*
▷ *No, en este curso* ***no*** *hay* ***ninguna (chica rusa)****.*

Fíjate:

Ningunos/ningunas solo se usa con palabras que se construyen en plural:

Ningunos pantalones me valen.

▶ *¿Tienes unas tijeras?*
▷ *No, lo siento, no tengo* ***ningunas****.*

- Además, hay cuatro pronombres indefinidos especiales que se refieren solo a personas y cosas:

	Existencia	Inexistencia
Personas	alguien	nadie
Cosas	algo	nada

▶ *¿Hay* ***alguien*** *en casa?*
▷ *No, creo que* ***no*** *hay* ***nadie****.*
▶ *¿Quiere* ***algo*** *más?*
▷ *No, gracias,* ***no*** *quiero* ***nada*** *más.*

Cuando usamos los indefinidos de inexistencia se incluye *no* delante del verbo.

Valorar

- Para **valorar una experiencia** puedes usar estas estructuras:
  – (No) Me ha gustado mucho. – Me ha encantado. – Es/Ha sido + adjetivo de valoración
  *He estado viendo el Museo Guggenheim de Bilbao y **me ha encantado, es** espectacular, interesantísimo.*

  Algunos **adjetivos** para **valorar** son: *(muy) bueno/a, (muy) malo/a, (muy) bonito/a, (muy) divertido/a, increíble, fantástico/a, genial, horrible, terrible...*

- Cuando alguien valora una experiencia, lo normal es **reaccionar** mostrando interés:
  ¡Qué bien/mal/(mala) suerte/bonito/envidia/pena/barato/rollo...!

  ▶ ***Ha sido** una excursión **muy divertida**.*
  ▷ *¿Sí? **¡Qué bien!***

  ▶ ***No me ha gustado mucho** la película, la verdad, me he aburrido un poco.*
  ▷ ***¡Qué rollo!***

Preguntar por las experiencias vividas

- Para **preguntar por experiencias vividas** se usa el **pretérito perfecto** y el marcador ***alguna vez***, que puede aparecer en diferentes posiciones dentro de la pregunta:
  *¿**Alguna vez** has hablado en público?*
  *¿Has hablado **alguna vez** en público?*
  *¿Has hablado en público **alguna vez**?*

- Para responder se usa el pretérito perfecto y los siguientes marcadores de **frecuencia**:
  – muchas veces – una vez – un par de veces – nunca
  – algunas veces – X veces – alguna vez

  Cuando usamos ***alguna vez***, hablamos de un número **impreciso** de veces no muy elevado.

- Para hablar de una experiencia que **no se ha tenido**, se usa el marcador ***nunca***. Puede construirse de tres maneras:
  ***Nunca** he estado en Tokio.* ***No** he estado **nunca** en Tokio.* ***No** he estado en Tokio **nunca**.*

Contraste *ya/todavía no, aún no*

- Para hablar de las acciones previstas realizadas, se usa ***ya*** y para hablar de las acciones previstas que no se han realizado pero que se tiene intención de hacer, se usa ***todavía no*** o ***aún no***:
  ***Ya** he visitado la Alhambra.*
  ***Todavía no/Aún no** he visto a tu hermano.* (Pero tengo intención de verlo).

Unidad 10: Fin del trayecto

Presente de indicativo: verbos irregulares (repaso)

e > ie	o > ue	u > ue	e > i	Doble irregularidad	
Querer	**Poder**	**Jugar**	**Repetir**	**Tener**	**Venir**
qu**ie**ro	p**ue**do	j**ue**go	rep**i**to	**tengo**	**vengo**
qu**ie**res	p**ue**des	j**ue**gas	rep**i**tes	t**ie**nes	v**ie**nes
qu**ie**re	p**ue**de	j**ue**ga	rep**i**te	t**ie**ne	v**ie**ne
queremos	podemos	jugamos	repetimos	tenemos	venimos
queréis	podéis	jugáis	repetís	tenéis	venís
qu**ie**ren	p**ue**den	j**ue**gan	rep**i**ten	t**ie**nen	v**ie**nen

Irregulares en la persona *yo*

hago	**doy**
salgo	**estoy**
pongo	**sé**
veo	**conozco**

Irregularidad propia

Ser	Estar	Ir
soy	**estoy**	**voy**
eres	**estás**	**vas**
es	**está**	**va**
somos	estamos	**vamos**
sois	estáis	**vais**
son	**están**	**van**

- Otros verbos con la irregularidad **e › ie** son: *cal**e**ntar, m**e**ntir, s**e**ntir, p**e**rder, desp**e**rtar, fr**e**ír, div**e**rtirse...*
- Con la irregularidad **o › ue**: *c**o**ntar, d**o**rmir, c**o**star, enc**o**ntrar, s**o**ñar, rec**o**rdar...*
- Con la irregularidad **e › i**: *m**e**dir, r**e**ír, v**e**stir, rep**e**tir, el**e**gir, s**e**guir...*

Ser, estar, tener, hay (repaso)

- Se usa ***ser*** para decir de la **profesión** y la **nacionalidad**, y para **describir** personas, lugares y objetos:
  Soy profesora de español.
  Tú eres danés.
  Juanjo es muy simpático.
  La clase es bastante grande.
- Se usa ***estar*** para **localizar** personas, objetos y lugares en el espacio y hablar de los **estados de ánimo**:
  La escuela está en la calle Gran Vía.
  Hoy estás un poco nerviosa, ¿qué te pasa?
- Se usa ***tener*** para decir la **edad**, expresar **posesión** y **pertenencia**, y **describir** personas **físicamente**:
  Mi hijo tiene diecinueve años. *Este es su libro.* *Manuel tiene los ojos azules.*
- Se usa ***hay*** para hablar de la **existencia** de algo:
  En esta calle hay tres cafeterías y dos farmacias.

Imperativo (repaso)

- Las irregularidades del imperativo son las mismas que las del presente de indicativo:
  - e › ie: *desp**ie**rta* (tú)
  - o › ue: ***due**rmase* (usted)
  - e › i: *p**i**dan* (ustedes)
- Hay verbos con una irregularidad propia en la persona *tú*: ***ven, ten, di, haz**...*
- Recuerda que la persona ***vosotros/as*** es siempre regular.
- Usamos el imperativo para **dar instrucciones**, **órdenes** y **consejos**.

RAE

GRAMÁTICA

- En las zonas voseantes de América, el imperativo tiene una forma propia para la persona vos *(hablá, bebé, abrí, empezá, volvé, elegí, sé, tené, hacé, poné, vení, salí, decí...)*:
  ***Empezá vos**, por favor.*
  ***Comé, comé**, está muy bueno.*
- El verbo ir (imperativo *ve*) no suele utilizarse y se usa andá *(andar)*:
  ***Andá** que es tarde.*

Estructuras con infinitivo y gerundio (repaso)

- Hay algunas estructuras verbales que se construyen con **infinitivo** y que tienen diferentes significados:
  - **Obligación** o **necesidad** › *tener que, hay que*:
    ***Tengo que ir** al gimnasio esta tarde.*
  - **Planes**, **proyectos** e **intenciones** › *ir a, pensar*:
    *Mañana **pensamos ir** al cine.*
  - **Deseos** › *querer*:
    ***Queremos viajar** a Argentina este verano.*
  - **Consejos** y **sugerencias** › *tener que, hay que, poder*:
    ***Tienes que estudiar** mucho.*
  - **Posibilidad** › *poder*:
    *Con este móvil **puedo hacer** unas fotos casi profesionales.*
- Para expresar una **acción en desarrollo** usamos *estar* + gerundio:
  ***Estoy viendo** una serie en español para mejorar mi pronunciación.*

Hablar del presente, del pasado y del futuro (repaso)

- Para hablar de **acciones habituales** utilizamos el presente de indicativo. Suele aparecer con marcadores temporales como ***siempre, (casi) todos los días, normalmente, a veces, nunca...***:

  *Después del trabajo **normalmente paseo** por la ciudad, **salgo** con mis compañeros, **voy** a la playa y, cuando no **estoy** muy cansado, **salgo** a cenar fuera.*

- Para hablar de **acciones pasadas** en un periodo de tiempo no terminado o relacionado con el presente, usamos el pretérito perfecto de indicativo. Estos son los marcadores temporales más frecuentes: ***hoy, este año, esta semana, alguna vez, nunca...***:

  *Candela **ha llegado hoy** a Cartagena.*

- Para hablar del **futuro**, utilizamos la estructura *ir a* + infinitivo. Los marcadores de futuro son: ***esta noche, mañana, este fin de semana, la próxima semana, el año que viene...***:

  ***Mañana voy a comprar** unas gafas y unas aletas.*

RAE

GRAMÁTICA

Recuerda que en el español de América y en el español de España de las zonas de Galicia, Asturias, parte de León y Canarias, es más frecuente el uso del pretérito indefinido en lugar del pretérito perfecto para hablar de acciones terminadas en un tiempo no terminado.

Español de América: *Estoy muy cansado porque esta mañana **salí** de casa muy temprano y no **llegué** hasta las nueve de la noche. **Fue** un día muy largo.*

En el español de España (salvo en las zonas mencionadas anteriormente) se dice: *Estoy muy cansado porque esta mañana **he salido** de casa muy temprano y no **he llegado** hasta las nueve de la noche. **Ha sido** un día muy largo.*

Pedir y dar información espacial (repaso)

Recuerda que para pedir y dar información espacial se usan las siguientes estructuras:

- Perdón/Por favor, **¿dónde está...?/¿cómo puedo ir a...?**
- (Mira/Mire),
  - **sigue/siga** todo recto por esta/la calle... hasta...
  - **gira/gire** a la derecha/izquierda... en...
  - **cruza/cruce** la calle...

Tabla de verbos

Presente de indicativo

Verbos regulares

1.ª conjugación -AR CANTAR	2.ª conjugación -ER COMER	3.ª conjugación -IR VIVIR
canto	como	vivo
cantas	comes	vives
canta	come	vive
cantamos	comemos	vivimos
cantáis	coméis	vivís
cantan	comen	viven

Verbos reflexivos regulares

Bañarse	Ducharse	Lavarse	Levantarse	Peinarse
me baño	**me** ducho	**me** lavo	**me** levanto	**me** peino
te bañas	**te** duchas	**te** lavas	**te** levantas	**te** peinas
se baña	**se** ducha	**se** lava	**se** levanta	**se** peina
nos bañamos	**nos** duchamos	**nos** lavamos	**nos** levantamos	**nos** peinamos
os bañáis	**os** ducháis	**os** laváis	**os** levantáis	**os** peináis
se bañan	**se** duchan	**se** lavan	**se** levantan	**se** peinan

Verbos irregulares

Verbos con irregularidad vocálica

- **E > IE**

Cerrar	Comenzar	Despertarse	Divertirse	Empezar
c**ie**rro	com**ie**nzo	me desp**ie**rto	me div**ie**rto	emp**ie**zo
c**ie**rras	com**ie**nzas	te desp**ie**rtas	te div**ie**rtes	emp**ie**zas
c**ie**rra	com**ie**nza	se desp**ie**rta	se div**ie**rte	emp**ie**za
cerramos	comenzamos	nos despertamos	nos divertimos	empezamos
cerráis	comenzáis	os despertáis	os divertís	empezáis
c**ie**rran	com**ie**nzan	se desp**ie**rtan	se div**ie**rten	emp**ie**zan

Entender	Merendar	Pensar	Perder	Querer
ent**ie**ndo	mer**ie**ndo	p**ie**nso	p**ie**rdo	qu**ie**ro
ent**ie**ndes	mer**ie**ndas	p**ie**nsas	p**ie**rdes	qu**ie**res
ent**ie**nde	mer**ie**nda	p**ie**nsa	p**ie**rde	qu**ie**re
entendemos	merendamos	pensamos	perdemos	queremos
entendéis	merendáis	pensáis	perdéis	queréis
ent**ie**nden	mer**ie**ndan	p**ie**nsan	p**ie**rden	qu**ie**ren

- **O › UE**

Acordarse	Acostarse	Almorzar	Contar	Dormir	Encontrar
me ac**ue**rdo	me ac**ue**sto	alm**ue**rzo	c**ue**nto	d**ue**rmo	enc**ue**ntro
te ac**ue**rdas	te ac**ue**stas	alm**ue**rzas	c**ue**ntas	d**ue**rmes	enc**ue**ntras
se ac**ue**rda	se ac**ue**sta	alm**ue**rza	c**ue**nta	d**ue**rme	enc**ue**ntra
nos acordamos	nos acostamos	almorzamos	contamos	dormimos	encontramos
os acordáis	os acostáis	almorzáis	contáis	dormís	encontráis
se ac**ue**rdan	se ac**ue**stan	alm**ue**rzan	c**ue**ntan	d**ue**rmen	enc**ue**ntran

Poder	Recordar	Resolver	Soler	Soñar	Volver
p**ue**do	rec**ue**rdo	res**ue**lvo	s**ue**lo	s**ue**ño	v**ue**lvo
p**ue**des	rec**ue**rdas	res**ue**lves	s**ue**les	s**ue**ñas	v**ue**lves
p**ue**de	rec**ue**rda	res**ue**lve	s**ue**le	s**ue**ña	v**ue**lve
podemos	recordamos	resolvemos	solemos	soñamos	volvemos
podéis	recordáis	resolvéis	soléis	soñáis	volvéis
p**ue**den	rec**ue**rdan	res**ue**lven	s**ue**len	s**ue**ñan	v**ue**lven

- **E › I**

Elegir	Pedir	Reírse	Repetir	Servir	Vestirse
el**ij**o	p**i**do	me r**í**o	rep**i**to	s**i**rvo	me v**i**sto
el**i**ges	p**i**des	te r**í**es	rep**i**tes	s**i**rves	te v**i**stes
el**i**ge	p**i**de	se r**í**e	rep**i**te	s**i**rve	se v**i**ste
elegimos	pedimos	nos reímos	repetimos	servimos	nos vestimos
elegís	pedís	os reís	repetís	servís	os vestís
el**i**gen	p**i**den	se r**í**en	rep**i**ten	s**i**rven	se v**i**sten

- **U › UE**

Jugar
j**ue**go
j**ue**gas
j**ue**ga
jugamos
jugáis
j**ue**gan

- **I › Y**

Concluir	Construir	Contribuir	Destruir	Huir
conclu**y**o	constru**y**o	contribu**y**o	destru**y**o	hu**y**o
conclu**y**es	constru**y**es	contribu**y**es	destru**y**es	hu**y**es
conclu**y**e	constru**y**e	contribu**y**e	destru**y**e	hu**y**e
concluimos	construimos	contribuimos	destruimos	huimos
concluís	construís	contribuís	destruís	huis
conclu**y**en	constru**y**en	contribu**y**en	destru**y**en	hu**y**en

Verbos irregulares en la primera persona

- **Verbos en -ZC-**

Conducir	Conocer	Producir	Traducir	Obedecer
condu**zc**o	cono**zc**o	produ**zc**o	tradu**zc**o	obede**zc**o
conduces	conoces	produces	traduces	obedeces
conduce	conoce	produce	traduce	obedece
conducimos	conocemos	producimos	traducimos	obedecemos
conducís	conocéis	producís	traducís	obedecéis
conducen	conocen	producen	traducen	obedecen

Otros irregulares en primera persona

Caer	Hacer	Poner	Salir	Traer	Valer
caigo	**hago**	**pongo**	**salgo**	**traigo**	**valgo**
caes	haces	pones	sales	traes	vales
cae	hace	pone	sale	trae	vale
caemos	hacemos	ponemos	salimos	traemos	valemos
caéis	hacéis	ponéis	salís	traéis	valéis
caen	hacen	ponen	salen	traen	valen

Dar	Saber	Ver
doy	**sé**	**veo**
das	sabes	ves
da	sabe	ve
damos	sabemos	vemos
dais	sabéis	veis
dan	saben	ven

Verbos con dos irregularidades

Decir	Oír	Oler	Tener	Venir
digo	**oigo**	**huel**o	**tengo**	**vengo**
dices	oyes	**huel**es	t**ie**nes	v**ie**nes
dice	oye	**huel**e	t**ie**ne	v**ie**ne
decimos	oímos	olemos	tenemos	venimos
decís	oís	oléis	tenéis	venís
dicen	oyen	**huel**en	t**ie**nen	v**ie**nen

Verbos con irregularidades propias

Haber	Ir	Estar	Ser
he	**voy**	**estoy**	**soy**
has	**vas**	**estás**	**eres**
ha	**va**	**está**	**es**
hemos	**vamos**	estamos	**somos**
habéis	**vais**	estáis	**sois**
han	**van**	**están**	**son**

Recuerda:

- El verbo *haber* solo se usa para formar los tiempos compuestos de los verbos.
- Tiene una forma especial *(hay)* que se usa igual para singular y plural:
  Hay un árbol en la esquina.
  Hay árboles en el parque.
- El verbo *estar* cambia la sílaba tónica habitual del presente de indicativo en todas las personas excepto en *nosotros/as* y *vosotros/as* (por eso algunas formas llevan tilde).

Verbos que se construyen como *gustar*

Doler	Encantar	Molestar	Parecer
me **duele**/**duel**en	me encanta/encantan	me molesta/molestan	me parece/parecen
te **duele**/**duel**en	te encanta/encantan	te molesta/molestan	te parece/parecen
le **duele**/**duel**en	le encanta/encantan	le molesta/molestan	le parece/parecen
nos **duele**/**duel**en	nos encanta/encantan	nos molesta/molestan	nos parece/parecen
os **duele**/**duel**en	os encanta/encantan	os molesta/molestan	os parece/parecen
les **duele**/**duel**en	les encanta/encantan	les molesta/molestan	les parece/parecen

Imperativo afirmativo

Verbos regulares

	1.ª conjugación -AR CANTAR	2.ª conjugación -ER COMER	3.ª conjugación -IR VIVIR
tú	canta	come	vive
usted	cante	coma	viva
vosotros/as	cantad	comed	vivid
ustedes	canten	coman	vivan

Verbos irregulares

Irregularidades vocálicas

- **E > IE**

Cerrar	Empezar	Pensar
cierra	emp**ie**za	p**ie**nsa
cierre	emp**ie**ce	p**ie**nse
cerrad	empezad	pensad
cierren	emp**ie**cen	p**ie**nsen

- **O > UE**

Contar	Dormir	Volver
cuenta	**due**rme	**vue**lve
cuente	**due**rma	**vue**lva
contad	dormid	volved
cuenten	**due**rman	**vue**lvan

- **U › UE**

Jugar
juega
juegue
jugad
jueguen

- **E › I**

Elegir	Pedir	Vestir
elige	pide	viste
elija	pida	vista
elegid	pedid	vestid
elijan	pidan	vistan

- **I › Y**

Construir	Huir
construye	huye
construya	huya
construid	huid
construyan	huyan

Verbos completamente irregulares

Decir	Hacer	Ir	Oír	Poner	Salir	Ser	Tener	Venir
di	**haz**	**ve**	**oye**	**pon**	**sal**	**sé**	**ten**	**ven**
diga	**haga**	**vaya**	**oiga**	**ponga**	**salga**	**sea**	**tenga**	**venga**
decid	haced	id	oíd	poned	salid	sed	tened	venid
digan	**hagan**	**vayan**	**oigan**	**pongan**	**salgan**	**sean**	**tengan**	**vengan**

La 2.ª persona del plural *(vosotros/as)* del imperativo es siempre regular.

Verbos reflexivos

Acostarse	Despertarse	Dormirse	Levantarse	Reírse	Vestirse
acuéstate	despiértate	duérmete	levántate	ríete	vístete
acuéstese	despiértese	duérmase	levántese	ríase	vístase
acostaos	despertaos	dormíos	levantaos	reíos	vestíos
acuéstense	despiértense	duérmanse	levántense	ríanse	vístanse

Pretérito perfecto de indicativo

Verbos regulares

1.ª conjugación -AR CANTAR	2.ª conjugación -ER COMER	3.ª conjugación -IR VIVIR
he cantado	**he** comido	**he** vivido
has cantado	**has** comido	**has** vivido
ha cantado	**ha** comido	**ha** vivido
hemos cantado	**hemos** comido	**hemos** vivido
habéis cantado	**habéis** comido	**habéis** vivido
han cantado	**han** comido	**han** vivido

Participios irregulares

abrir › **abierto**	escribir › **escrito**	poner › **puesto**	romper › **roto**
cubrir › **cubierto**	hacer › **hecho**	prever › **previsto**	satisfacer › **satisfecho**
decir › **dicho**	imprimir › **impreso, imprimido**	resolver › **resuelto**	ver › **visto**
descubrir › **descubierto**	morir › **muerto**	revolver › **revuelto**	volver › **vuelto**

Claves

Unidad 1: Nos presentamos

1. **1.** once, diecinueve; **2.** diez, dieciocho; **3.** veintiuno, treinta, cuarenta y dos; **4.** cuarenta, sesenta, ochenta.

2. **Posible respuesta:**

3. **1.** cuarenta y dos; **2.** noventa; **3.** cincuenta y cinco; **4.** sesenta y dos; **5.** cincuenta y uno; **6.** ciento dos; **7.** dieciocho; **8.** veintiuno; **9.** doce; **10.** veintidós.

4. **1.** doce; **2.** diecinueve; **3.** veinticuatro; **4.** veintisiete; **5.** treinta y tres; **6.** cuarenta y nueve.

5. **1.** australiano; **2.** australiana; **3.** francés; **4.** francesa; **5.** estadounidense; **6.** estadounidense; **7.** indio; **8.** india; **9.** egipcio; **10.** egipcia; **11.** italiano; **12.** italiana; **13.** alemán; **14.** alemana; **15.** brasileño; **16.** brasileña.

5a. Relacionar imágenes con palabras.

6. **1.** holandeses; **2.** egipcias; **3.** japonés; **4.** franceses; **5.** colombiano; **6.** española; **7.** brasileño; **8.** estadounidense.

7. **1.** cocinero/a; **2.** enfermero/a; **3.** recepcionista; **4.** cantante; **5.** arquitecto/a; **6.** escritor/a; **7.** futbolista; **8.** director/a; **9.** pintor/a; **10.** actor/actriz.

8. **1.** actor estadounidense; **2.** futbolistas brasileños; **3.** pintores mexicanos; **4.** arquitecto español; **5.** cantante colombiana; **6.** pintor holandés; **7.** político ruso/presidente ruso; **8.** actrices estadounidenses.

9. **1.** b; **2.** f; **3.** a; **4.** c; **5.** d; **6.** e.

10. **1.** eres; **2.** es; **3.** sois; **4.** son; **5.** tengo; **6.** tiene; **7.** tenemos; **8.** tienen; **9.** hablo; **10.** hablas; **11.** habláis; **12.** hablan; **13.** me; **14.** llamas; **15.** se llama; **16.** llamamos; **17.** os; **18.** se.

11. **1.** nosotros; **2.** llamo; **3.** sois; **4.** somos; **5.** ustedes; **6.** ellas; **7.** trabajamos; **8.** tengo; **9.** tenemos; **10.** viven.

12. **1.** d; **2.** g; **3.** a; **4.** c; **5.** e; **6.** h; **7.** f; **8.** b.

13. **1.** ¿De dónde son?; **2.** ¿Cuántos años tenéis?; **3.** ¿Cuál es tu profesión?/¿A qué te dedicas?; **4.** ¿Dónde vive?; **5.** ¿Qué lenguas/idiomas habláis?

14. **Lugares de trabajo:** hospital, escuela, empresa, tienda, clínica.

Nacionalidades: cubana, británica, canadienses, iraní, polaca, peruana, japoneses, alemán.

Profesiones: conductor, enfermera, mesero, farmacéutica, diseñadora gráfica.

Verbos: vivir, dedicarse, trabajar, escribir, llamarse, ser, tener, saludarse, relacionar.

15. **1.** treinta y siete años; **2.** abogado; **3.** mmoreno@mail.com; **4.** Alonso; **5.** Diseñadora gráfica; **6.** 913 251 388.

16. **1.** F; **2.** V; **3.** F; **4.** V; **5.** F; **6.** F; **7.** V; **8.** V.

17. Respuesta abierta.

18. **1.** b; **2.** h; **3.** k; **4.** m; **5.** i; **6.** g; **7.** q; **8.** ñ; **9.** n; **10.** j; **11.** e; **12.** c; **13.** r; **14.** d; **15.** f; **16.** o; **17.** a; **18.** l; **19.** p.

19. **1.** La Habana; **2.** Bogotá; **3.** Ciudad de México; **4.** Buenos Aires; **5.** San José; **6.** Caracas; **7.** Lima; **8.** Madrid.

20. **1.** V; **2.** F (casi 600 millones, 567); **3.** V; **4.** F (México está en América del Norte); **5.** V; **6.** V; **7.** F (se usan dos: el primero del padre y el segundo de la madre); **8.** F (la palabra "celular" es propia de Hispanoamérica).

Unidad 2: Mi casa, mi barrio

1. **1.** c; **2.** f; **3.** e; **4.** a; **5.** b; **6.** d.

2. **5.** vivienda.

3. **1.** baño; **2.** colegio; **3.** horno; **4.** jardín; **5.** garaje.

4. **1.** F; **2.** F; **3.** V; **4.** V; **5.** V; **6.** F; **7.** V; **8.** F; **9.** F; **10.** V.

4a. **1.** La señora está interesada en alquilar un piso; **2.** La referencia del piso es 9214; **6.** El piso está bien comunicado porque tiene una parada de metro y dos de autobús; **8.** Para llegar al centro comercial es necesario el coche, pero el colegio está enfrente; **9.** La cita es en la calle Cartagena, 15, en la puerta. 5.

5. **1.** nevera; **2.** edificio; **3.** salón; **4.** alquiler; **5.** terraza; **6.** balcón; **7.** ascensor; **8.** lavadora.

6. **En el barrio:** hospital, parque, supermercado, farmacia, tienda, cafetería, colegio, banco; **En la casa:** cocina, mesa, electrodoméstico, terraza, dormitorio, mueble, baño, calefacción, silla, horno.

7. **1.** C; **2.** A; **3.** D; **4.** B; **5.** B; **6.** A; **7.** D; **8.** C.

8. Respuesta abierta.

9. **1.** niña; **2.** mujer; **3.** madre; **4.** yegua; **5.** perra; **6.** gata; **7.** profesora; **8.** chica.

10. **el:** árbol, lápiz, apartamento, viaje; **la:** televisión, escuela, radio, nacionalidad; **los:** viajes, baños, libros, problemas; **las:** calles, plantas, casas, manos.

11. **1.** M, camiones; **2.** M, dormitorios; **3.** M, edificios; **4.** F, actrices; **5.** M, mapas; **6.** F, manos; **7.** F, historias; **8.** M, viajes; **9.** M, amigos; **10.** F, noches.

12. **1.** a; **2.** c; **3.** b; **4.** a.

13. **1.** unas cocinas; **2.** unas casas; **3.** unas habitaciones; **4.** unos baños; **5.** unos salones; **6.** unos lavavajillas; **7.** unas lavadoras; **8.** unos hornos microondas; **9.** unos sofás; **10.** unos ascensores.

14. **1.** la; **2.** los; **3.** el; **4.** los; **5.** el; **6.** las; **7.** la; **8.** el; **9.** los; **10.** la; **11.** el; **12.** los.

15. **1.** una; **2.** unos; **3.** unos; **4.** un; **5.** un; **6.** una; **7.** unos; **8.** una; **9.** un; **10.** un; **11.** una; **12.** un.

16. 1, 3, 4, 6.

17. **1.** está; **2.** hay; **3.** están; **4.** hay; **5.** está; **6.** hay.

18. **1.** B; **2.** A; **3.** F; **4.** C; **5.** E; **6.** D.

19. **1.** hay; **2.** está; **3.** Hay; **4.** hay; **5.** tiene; **6.** tiene; **7.** hay; **8.** está.

20. **1.** e; **2.** b; **3.** a; **4.** d; **5.** c.

21. **1.** V; **2.** F; **3.** F; **4.** F.

22. **1.** ¿Cuántos restaurantes hay en tu barrio?; **2.** Los platos están dentro del armario; **3.** En mi jardín hay muchos árboles; **4.** En la habitación hay poco espacio porque tiene muchos muebles.

23. **1.** cuatrocientos cincuenta y cinco; **2.** trescientos noventa y uno; **3.** seiscientos sesenta y siete; **4.** setecientos setenta y seis; **5.** ochocientos cincuenta y tres; **6.** quinientos ochenta y siete.

24. **1.** primera planta; **2.** primer piso; **3.** tercer año; **4.** décima edición; **5.** séptima pregunta; **6.** octavos juegos.

25. **1.** C; **2.** B; **3.** D; **4.** A; **5.** F; **6.** E.

26. **1.** F (están en el centro); **2.** V; **3.** V; **4.** F (es de estilo modernista); **5.** V; **6.** F (está en el centro de las Ramblas); **7.** V.

27. Respuesta abierta.

Unidad 3: Vamos de viaje

1. **1.** a; **2.** c; **3.** f; **4.** e; **5.** b; **6.** d.

2. **1.** museo; **2.** ruinas; **3.** mirador.

3. Respuesta abierta.

4. **1.** iglesia; **2.** plaza; **3.** mirador; **4.** ruinas; **5.** parque; **6.** museo.

5. **1.** piscina; **2.** duchas; **3.** baños; **4.** aparcamiento; **5.** parque infantil; **6.** zona de acampada.

6. **1.** b; **2.** c; **3.** a; **4.** d; **5.** e.

7. **1.** V; **2.** F; **3.** F; **4.** F; **5.** V.

8. Ver un museo, ver monumentos y ver un espectáculo.

9. **1.** mercado; **2.** submarinismo; **3.** surf; **4.** montaña.

10. **Turismo de naturaleza:** C, D, F; **Turismo de sol y playa:** B, H; **Turismo cultural:** A, E, G.

11. **1.** vas; **2.** va; **3.** vais; **4.** van; **5.** viajo; **6.** viaja; **7.** viajamos; **8.** viajan; **9.** puedo; **10.** puedes; **11.** podéis; **12.** pueden; **13.** prefieres; **14.** prefiere; **15.** preferís.

12. **1.** a; **2.** en; **3.** a; **4.** en; **5.** a; **6.** a, en.

13. **1.** medio de transporte; **2.** tiempo; **3.** destino; **4.** localización; **5.** distancia; **6.** destino.

14. 1, 4, 5.

15. **1.** es; **2.** es; **3.** hay; **4.** está; **5.** hay; **6.** hay; **7.** hay; **8.** está; **9.** Es.

16. **1.** b; **2.** e; **3.** a; **4.** c; **5.** d.

16a. Respuesta abierta.

17. **María:** 3, 6; **Juan:** 1, 5; **Manuel:** 2, 4.

18. **1.** b; **2.** c; **3.** a.

19. **1.** recepcionista; **2.** ubicación; **3.** bufé libre; **4.** aire acondicionado; **5.** conexión wifi; **6.** minibar; **7.** habitación doble; **8.** aparcamiento.

20. **1.** f; **2.** e; **3.** g; **4.** c; **5.** b; **6.** h; **7.** a; **8.** d.

21. **Lo mejor (M):** bufé libre, baño y la ubicación.
Lo peor (P): habitación, aire acondicionado, conexión wifi y aparcamiento.

22. **1.** voy, vamos; **2.** puedes; **3.** prefieren; **4.** cuesta, cuestan.

23. **1.** V; **2.** F; **3.** F; **4.** V; **5.** V; **6.** F.

24. Respuesta abierta.

25. **1.** B; **2.** D; **3.** A; **4.** C.

26. **1.** b, F; **2.** a, D; **3.** d, C; **4.** e, A; **5.** c, E; **6.** f, B.

27. **1.** V; **2.** V; **3.** F (está en Coyoacán, a 11 km de Ciudad de México); **4.** V; **5.** V; **6.** F (es típica de España); **7.** F (se puede comer y escuchar música de mariachis); **8.** V.

Unidad 4: En familia

1. **Posible respuesta:**
1. abuelo; **2.** abuela; **3.** madre; **4.** padre; **5.** tía; **6.** tío; **7.** hija; **8.** hermano; **9.** prima; **10.** primo.

2. **1.** mujer, hija, hijo menor; **2.** marido, hija mayor; **3.** sobrinos, nietos; **4.** hermanos, padres; **5.** primos, abuelos; **6.** tía, tío.

3. **1.** alto; **2.** el pelo largo; **3.** delgada; **4.** rubio; **5.** el pelo rizado; **6.** rubia; **7.** el pelo liso; **8.** simpáticos.

4. **1.** camisa; **2.** jersey; **3.** zapatillas de deporte; **4.** bolso; **5.** pantalones vaqueros; **6.** falda; **7.** abrigo; **8.** zapatos.

5. **1.** piel/cuero; **2.** lana; **3.** seda; **4.** algodón.

6. **1.** rojo; **2.** verde; **3.** azul; **4.** blanco; **5.** naranja; **6.** amarillo; **7.** rosa; **8.** negro.

7. **1.** V; **2.** F; **3.** F; **4.** V; **5.** F.

8. Respuesta abierta.

9. **1.** practico; **2.** llegas, ves; **3.** comemos, viven; **4.** trabaja; **5.** viajan, conocen; **6.** regala.

10. **1.** P; **2.** P; **3.** H; **4.** H; **5.** P; **6.** H.

11. **1.** me llamo; **2.** llaman; **3.** vivimos; **4.** Estudio; **5.** practicamos; **6.** trabaja; **7.** viaja; **8.** trabajan; **9.** comemos; **10.** prepara.

12. **1.** c; **2.** f; **3.** a; **4.** d; **5.** b; **6.** e.

13. **1.** *estar* + gerundio; **2.** -ando; **3.** -iendo.

14. **1.** E, está montando; **2.** C, Está tomando, está paseando; **3.** G, Está leyendo; **4.** B, Están mirando; **5.** D, Están jugando; **6.** A, está haciendo; **7.** F, Están sonriendo.

15. **1.** activa; **2.** tranquila; **3.** seria; **4.** trabajador; **5.** simpáticos; **6.** divertidos; **7.** alegres.

16. **1.** estos; **2.** esas; **3.** aquellos, Estos; **4.** Esos, estos; **5.** Esta; **6.** ese, este.

17. **1.** nuestra; **2.** vuestros; **3.** Su; **4.** mis; **5.** Sus; **6.** su.

18. **1.** C; **2.** B; **3.** A.

19. Respuesta abierta.

20. **1.** F (zapatos de Manolo Blahnik); **2.** V; **3.** F (camiseta de Custo Dalmau); **4.** V.

21. **1.** b; **2.** d; **3.** a; **4.** c.

22. 3, 5, 2, 1, 4.

Unidad 5: Igual que todos los días

1. **1.** Las doce y diez; **2.** Las siete y cuarto; **3.** La una menos cinco; **4.** Las dos y media; **5.** Las seis en punto; **6.** Las cinco menos veinticinco.

2. **1.** lunes; **2.** martes; **3.** miércoles; **4.** jueves; **5.** viernes; **6.** sábado; **7.** domingo.

3. **1.** b; **2.** f; **3.** c; **4.** e; **5.** d; **6.** a.

4. **1.** F; **2.** F; **3.** V; **4.** V; **5.** F.

5. **1.** a; **2.** b; **3.** c; **4.** c; **5.** a; **6.** c.

6. **Acciones cotidianas:** Hacer la compra, Coger el metro, Ir a clase, Hacer la cama; **Comidas del día:** desayuno, comida, cena, merienda; **Actividades de tiempo libre:** Salir con amigos, Dar un paseo, Organizar un viaje, Cenar fuera.

7. **1.** c; **2.** b; **3.** c; **4.** d; **5.** a; **6.** b.

8. **1.** El horario de las tiendas es de 9:00 a 20:00 h; **2.** Los centros comerciales abren todos los días de la semana; **3.** ¿Desayunas en casa normalmente?; **4.** ¿A qué hora te levantas?; **5.** ¿Quién prepara la cena en tu casa?; **6.** ¿Qué horario de trabajo tienes?

9. **1.** d; **2.** e; **3.** a; **4.** b; **5.** c.

10. **1.** B; **2.** C; **3.** A; **4.** D.

11. **1.** empieza; 2. salimos; **3.** pido; **4.** juegas; **5.** nos acostamos; **6.** hago; **7.** dormís; **8.** quieren; **9.** puede; **10.** volvemos.

12. **c › zc:** conduzco, traduzco, ofrezco, conozco, nazco; **-go:** salgo, pongo, caigo, traigo, valgo; **Otros verbos:** veo, quepo, doy, estoy; **Verbos con doble irregularidad:** vengo, tengo, oigo, digo.

13. **1.** nos; **2.** se; **3.** te; **4.** me; **5.** se; **6.** os.

14. **1.** b; **2.** a; **3.** c; **4.** a; **5.** b; **6.** c; **7.** a; **8.** b.

15. **1.** vosotros/as, pedir; **2.** tú, sentir; **3.** ellos/as, ustedes, divertirse; **4.** nosotros/as, comenzar; **5.** él, ella, usted, poder; **6.** yo, entender; **7.** tú, medir; **8.** él, ella, usted, contar; **9.** vosotros/as, vestirse; **10.** yo, elegir; **11.** ellos, ellas, ustedes, probar; **12.** yo, servir; **13.** ellos, ellas, ustedes, volar; **14.** ellos, ellas, ustedes, cerrar; **15.** ellos, ellas, ustedes, jugar; **16.** tú, pensar.

16. **1.** juega; **2.** duermen; **3.** Prefiero; **4.** corregimos; **5.** vuelven; **6.** cierro; **7.** quieres; **8.** pedimos.

17. **1.** viven; **2.** mide; **3.** juega; **4.** quiere; **5.** es; **6.** viste; **7.** prefiere; **8.** cierran; **9.** duerme; **10.** se divierten; **11.** tienen; **12.** pueden.

18. 2, 3, 5.

19. **Para expresar frecuencia:** 1, 6, 7; **Para ordenar las acciones en el tiempo:** 4, 5, 8; **Para referirse a una parte del día:** 2, 3.

20. **1.** me llamo; **2.** tengo; **3.** Vivo; **4.** trabajo; **5.** es; **6.** tiene; **7.** trabajo; **8.** empiezo; **9.** tengo; **10.** termino; **11.** salgo; **12.** voy; **13.** hacemos; **14.** volvemos; **15.** llego; **16.** hago; **17.** llamo; **18.** pido; **19.** vamos; **20.** hacemos; **21.** paseamos; **22.** organizamos.

21. **1.** F (trabaja en una escuela); **2.** V; **3.** F (a veces come en la escuela); **4.** V; **5.** F (casi siempre va a pie); **6.** F (durante los fines de semana hacen la compra, hacen deporte, pasean y a veces organizan viajes); **7.** V (Alfredo prepara la cena para los dos); **8.** V.

22. Respuesta abierta.

23. **1.** F (solo el 28 % de la gente merienda); **2.** V; **3.** V; **4.** F (aprovechan para salir a comer o cenar fuera); **5.** F (comen en el trabajo); **6.** V.

24. **1.** a; **2.** c; **3.** b; **4.** c.

Unidad 6: No me gusta, ¡me encanta!

1. **1.** c; **2.** e; **3.** d; **4.** a; **5.** b.

2. 1, 2, 4.

3. **1.** Sopa de pescado; **2.** Gazpacho; **3.** Ensalada mixta; **4.** Chuletas de cordero con patatas; **5.** Fritura de pescado; **6.** Tortilla de atún; **7.** Fruta; **8.** Tarta de la casa; **9.** Helado variado.

4. **1.** Mitxelena; **2.** Doña Casilda; **3.** Guggenheim; **4.** Arrietara; **5.** San Mamés; **6.** Arriaga.

5. **1.** b, c; **2.** a, c, e.

6. **1.** playa; **2.** museo; **3.** pinchos; **4.** partido; **5.** concierto; **6.** restaurante.

7. **1.** d; **2.** a; **3.** e; **4.** c; **5.** b.

8. **1.** F; **2.** F; **3.** V; **4.** F; **5.** V.

8a. **1.** Hay varios museos en la ciudad; **2.** En el teatro tocan orquestas de todo el mundo; **4.** Los estadios son un poco pequeños.

9. **1.** exposición; **2.** auditorio; **3.** compras; **4.** Humanidad; **5.** cine.

10. Respuesta abierta.

11. **1.** c; **2.** a; **3.** b.

12. Respuesta abierta.

13. **1.** A ti; **2.** usted; **3.** me; **4.** os; **5.** les; **6.** interesan; **7.** infinitivo.

14. **1.** gusta; **2.** gustan; **3.** gusta; **4.** gusta; **5.** gustan; **6.** gustan.

15. **1.** Le gusta jugar al fútbol; **2.** Te encantan los videojuegos; **3.** Me interesa la lengua española; **4.** Os gusta hacer submarinismo; **5.** A Felipe le encanta ir de excursión; **6.** A sus padres les interesa mucho la ópera.

16. **1.** d; **2.** e; **3.** a; **4.** c; **5.** b.

17. **Julia:** 1, 3, 4; **José:** 2, 5, 6.

18. **1.** Yo también; **2.** A mí también; **3.** A mí tampoco; **4.** Yo sí; **5.** A mí también; **6.** Yo también.

19. y **19a.** Respuesta abierta.

20. **Carlos:** macarrones con tomate, pollo asado, flan casero; **María:** crema de verduras, salmón a la plancha, tarta de queso.

21. **1.** me encanta; **2.** me gustan; **3.** les interesa; **4.** le gusta; **5.** le interesa; **6.** nos encantan.

22. **1.** ¿Te gusta la última película de Harry Potter? Sí, me gusta mucho./Sí, me encanta; **2.** ¿Os gustan los museos? Sí, nos gustan bastante; **3.** ¿A tu hermana le gusta levantarse temprano? No, no le gusta mucho; **4.** ¿A tus amigos les gusta montar en bicicleta? No, no les gusta nada./No, lo odian; **5.** ¿Te gusta hacer fotos con el móvil? Sí, me gusta bastante; **6.** ¿A ustedes les gustan los animales domésticos? Sí, nos gustan mucho./Sí, nos encantan.

23. **1.** F; **2.** V; **3.** F; **4.** V; **5.** F; **6.** V.

24. **1.** A; **2.** C; **3.** F; **4.** E; **5.** D; **6.** B.

25. **1.** huevos estrellados; **2.** patatas bravas; **3.** pulpo a la gallega; **4.** jamón ibérico; **5.** de patatas; **6.** de padrón.

26. **1.** V; **2.** V; **3.** F (no son gratuitos); **4.** F (es típico de Galicia); **5.** V; **6.** F (son huevos fritos); **7.** F (no todos, solo algunos); **8.** V.

Unidad 7: Buenas intenciones

1. **1.** prismáticos; **2.** gorra; **3.** toalla; **4.** protector solar; **5.** chanclas; **6.** sombrero; **7.** bañador; **8.** tienda de campaña; **9.** linterna; **10.** botas de montaña; **11.** impermeable; **12.** cámara (de fotos).

2. **1.** Va a hacer senderismo, Va a hacer la ruta de la Cascada del Purgatorio; **2.** Protector solar, Un impermeable, Botas de montaña, Una gorra; **3.** Unos prismáticos.

3. Respuesta abierta.

4. **Posible respuesta:**
En clase: 1, 9, 12, 14, 15; **En casa:** 2, 4, 5, 6, 8, 10; **Ambos:** 3, 7, 11, 13.

5. **Escuchar:** 1, 6, 15; **Escribir:** 7, 11, 16; **Leer:** 5, 10, 17; **Buscar:** 2, 12, 14; **Hacer:** 4, 8, 13; **trabajar:** 3, 9, 18.

6. **1.** Puedes; **2.** Necesitas; **3.** hay que; **4.** tienes que; **5.** hay que; **6.** tienes que.

7. **1.** Va a quedar con amigos; **2.** Va a escalar; **3.** Va a hacer/ ir de *camping*; **4.** Va a montar en piragua; **5.** Va a hacer senderismo; **6.** Va a ir a un concierto.

7a. 1, 3, 4, 5, 6, 9.

8. **Correctas:** 1, 5; **Incorrectas:** 2 (quiere cantar ópera), 3 (quiere), 4 (quiere ser piloto), 6 (quiere).

9. **1.** d; **2.** f; **3.** a; **4.** b; **5.** c; **6.** e.

10. **1.** Hay que tener un plan de acción detallado; **2.** Hay que buscar un trabajo en la nueva ciudad; **3.** Hay que encontrar un apartamento bien situado; **4.** Hay que organizar una mudanza; **5.** Hay que hacer las maletas; **6.** Hay que organizar una gran fiesta de despedida.

11. **1.** V; **2.** V; **3.** F; **4.** F.

12. **1.** c; **2.** a; **3.** b.

13. **1.** a; **2.** b; **3.** b; **4.** a; **5.** c; **6.** c.

14. **1.** para; **2.** por; **3.** por; **4.** para; **5.** por; **6.** para.

15. **Por: 1.** c; **2.** e; **3.** b; **4.** g. **Para: 1.** d; **2.** a; **3.** h; **4.** f.

16. **1.** e; **2.** c; **3.** a, e (causa en ambos casos); **4.** b (finalidad), d (parte del día); **5.** d; **6.** d (parte del día), f (tiempo límite).

17. **1.** colibrí; **2.** puma; **3.** nutria; **4.** rana negra de Roraima; **5.** anaconda; **6.** oso hormiguero.

18. **1.** a (está en el estado de Bolívar); **2.** c (Río Grande está en Patagonia); **3.** b (está en Patagonia).

19. Respuesta abierta.

Unidad 8: Cuídate mucho

1. **1.** i; **2.** b; **3.** a; **4.** j; **5.** e; **6.** g; **7.** f; **8.** d; **9.** c; **10.** h.

2. **1.** a; **2.** a; **3.** c; **4.** b; **5.** a; **6.** c; **7.** c; **8.** a.

3. **1.** chocolatina; **2.** zumo; **3.** refrescos; **4.** galleta; **5.** bollería; **6.** gominolas.

4. 2, 4.

5. **1.** a; **2.** c; **3.** c; **4.** b.

6. **1.** b; **2.** c; **3.** a; **4.** b; **5.** a; **6.** c.

7. **1.** Levanta; **2.** Sube; **3.** Mantén; **4.** Mirad; **5.** Cortad; **6.** Poned; **7.** Di; **8.** Abre; **9.** Levanta; **10.** Levantaos; **11.** Sentid; **12.** Girad.

8. **1.** f; **2.** c; **3.** e; **4.** d; **5.** b; **6.** a.

9. **1.** sonríe; **2.** Guarda; **3.** tenlos; **4.** lleva; **5.** escribe; **6.** Ve; **7.** Habla; **8.** Sé; **9.** adáptate; **10.** diviértete; **11.** aprovecha; **12.** haz.

9a. **1.** sonreíd; **2.** Guardad; **3.** tenedlos; **4.** llevad; **5.** escribid; **6.** Id; **7.** Hablad; **8.** Sed; **9.** adaptaos; **10.** divertíos; **11.** aprovechad; **12.** haced.

10. Respuesta abierta.

11. **1.** los; **2.** Lo; **3.** la; **4.** Los (hacerlos); **5.** Las; **6.** Lo; **7.** la; **8.** la.

12. **1.** d, A; **2.** f, D; **3.** a, F; **4.** b, E; **5.** c, B; **6.** e, C; **7.** h, G; **8.** g, H.

13. 2, 3, 5, 7.

14. **1.** preocupado/a; **2.** aburrido/a; **3.** estresado/a; **4.** triste; **5.** cansado/a.

15. **1.** Me duele; **2.** Me pican; **3.** Estoy; **4.** Tengo; **5.** Tengo; **6.** Estoy; **7.** Me duelen; **8.** Me siento; **9.** Tengo; **10.** Tengo; **11.** Estoy; **12.** Me duele.

16. **Órdenes:** 2, 5; **Consejos:** 3, 6, 8; **Instrucciones:** 1, 4, 7.

17. **1.** tienes; **2.** debes; **3.** tienes; **4.** Hay/Tienes; **5.** Puedes.

18. **1.** a; **2.** b; **3.** a; **4.** b; **5.** a; **6.** b.

19. **Pedir un objeto:** 1, 7; **Pedir un favor:** 3, 4, 5, 8; **Pedir permiso:** 2, 6.

20. **1.** c; **2.** b; **3.** b; **4.** b; **5.** c; **6.** b.

21. **1.** V; **2.** F (se utilizan productos naturales y frescos); **3.** V; **4.** F (se cocina con aceite de oliva); **5.** F (no es vegetariana, incluye todo tipo de alimentos, aunque en diversas proporciones según su valor nutricional y sus beneficios para la salud).

Unidad 9: Experiencias vividas

1. **1.** cebollas; **2.** mermelada; **3.** sardinas; **4.** azúcar; **5.** salchichas; **6.** aceitunas; **7.** agua; **8.** arroz.

2. **1.** agua; **2.** sardinas; **3.** harina; **4.** patatas fritas; **5.** leche; **6.** mermelada.

3. **1.** leche; **2.** huevos; **3.** aceite; **4.** lechuga.

4. **1.** b; **2.** c; **3.** d; **4.** a; **5.** f; **6.** g; **7.** h; **8.** e.

5. **1.** V; **2.** F (ha comprado doce); **3.** F (bebe mucho y hace calor); **4.** F (ha comprado dos kilos); **5.** V; **6.** V; **7.** V (ha olvidado la lechuga).

6. **Posible respuesta:**
Ocho plátanos o medio kilo de plátanos, un paquete de mantequilla, un paquete de arroz, una botella de aceite de oliva, un ajo, ocho huevos o una docena de huevos, ocho salchichas o un paquete de salchichas, un bote de tomate frito.

7. **Alimentos perecederos:** huevos, marisco, fruta; **Alimentos no perecederos:** azúcar, pasta, harina.

8. **1.** benéfica; **2.** dona; **3.** recursos; **4.** perecederos; **5.** lata.

9. **1.** he hablado; **2.** hemos hablado; **3.** han hablado; **4.** ha comido; **5.** habéis comido; **6.** has vivido.

10. **1.** abierto; **2.** dicho; **3.** escrito; **4.** hecho; **5.** muerto; **6.** puesto; **7.** roto; **8.** visto; **9.** vuelto.

11. **1.** me he levantado; **2.** he desayunado; **3.** he salido; **4.** he cogido; **5.** he escrito; **6.** he hecho; **7.** he terminado; **8.** he ido; **9.** hemos visto.

12. **1.** nada; **2.** alguien; **3.** ninguna; **4.** algún; **5.** algunos; **6.** nadie; **7.** algunas; **8.** nada.

13. **1.** algún; **2.** algunos; **3.** algo; **4.** ningún; **5.** nada; **6.** nadie.

14. **Emilio:** 1, 4, 5; **Marta:** 2, 3, 6.

15. **1.** Saltar desde un avión; **2.** Bucear; **3.** Pedir comida a domicilio; **4.** Ganar un premio; **5.** Comer en un restaurante con estrella Michelin; **6.** Volar en globo.
La actividad que sobra es ir a un balneario.

16. **1.** c; **2.** d; **3.** a; **4.** f; **5.** b; **6.** e.

17. **1.** ha sido; **2.** he hecho; **3.** He terminado; **4.** he empezado/he comenzado; **5.** he viajado; **6.** he conocido; **7.** he escrito; **8.** he contado; **9.** he puesto; **10.** he visitado; **11.** he alquilado; **12.** he ido; **13.** he adoptado; **14.** he comenzado/he empezado; **15.** he aprendido; **16.** he comprado coche.

17a. **1.** F; **2.** F; **3.** V; **4.** F (ya lo ha escrito); **5.** F; **6.** V; **7.** F; **8.** F.

18. **1.** F; **2.** F; **3.** V; **4.** F (se han encontrado por casualidad en el centro comercial); **5.** F; **6.** V; **7.** V; **8.** F.

19. Respuesta abierta.

20. **1.** N; **2.** N; **3.** P; **4.** P; **5.** N; **6.** N.

21. **1.** Cenotes, depósitos de agua dulce; **2.** El canal de Panamá; **3.** Las Pirámides de Tikal; **4.** Vinicunca, la montaña de los siete colores; **5.** El salar de Uyuni, un desierto de sal; **6.** La isla de Pascua.

22. **1.** Machu Picchu, ciudad inca, Perú; **2.** Vinicunca, la montaña de los siete colores; **3.** El salar de Uyuni, un desierto de sal; **4.** El canal de Panamá; **5.** Cenotes, depósitos de agua dulce; **6.** Las Pirámides de Tikal.
El lugar que no se ha mencionado antes es el Machu Picchu.

23. **1.** V; **2.** V; **3.** F (es Costa Rica); **4.** V; **5.** F (es El Salvador); **6.** F (está en Argentina); **7.** F (el Aconcagua es una montaña, la más alta de América); **8.** V.

Unidad 10: Fin de trayecto

1. **1.** f, zumo de piña; **2.** a, botella de leche; **3.** e, tarta de manzana; **4.** h, sopa de mariscos; **5.** i, verduras a la plancha/a la parrilla; **6.** b, taza de té; **7.** d, carne asada; **8.** g, bocadillo de tortilla; **9.** c, ración de calamares.

2. **1.** l; **2.** d; **3.** j; **4.** f; **5.** c; **6.** e; **7.** g; **8.** i; **9.** h; **10.** b; **11.** k; **12.** a.

3. **1.** padre; **2.** abuela; **3.** mujer; **4.** hermana; **5.** sobrina; **6.** tío; **7.** primos.

4.

4a. **1.** Lleva gafas; Es moreno; Es un poco tímido y muy inteligente; **2.** Son hermanos; Tienen la misma relación que Patricia y Alejandro; **3.** Es muy simpática; Es divertida; Le gustan el paracaidismo y la escalada; Le encantan los deportes de riesgo; **4.** Son primos; **5.** Es sociable y hablador; Es un poco raro; **6.** Le encanta la comida española; Le gusta cocinar; Le gusta la paella; **7.** Es moreno con barba; Es poco hablador; **8.** Es morena; Tiene los ojos marrones; Le gusta bailar; Le gusta hacer yoga.

5. Respuesta abierta.

6. **e › ie:** perder, mentir, sentir, despertarse, calentar; **o › ue:** encontrar, dormir, contar, soñar, poder, costar; **u › ue:** jugar; **e › i:** pedir, vestirse, medir, repetir, freír, elegir, corregir; **Doble irregularidad:** tener, venir; **Irregular en la persona *yo*:** salir, poner, dar, saber, hacer, estar, conocer, ver; **Irregularidades propias:** ir, ser.

7. **1.** me despierto; **2.** me visto; **3.** pierdo; **4.** Empiezo; **5.** Soy; **6.** tengo; **7.** puedo; **8.** Estoy; **9.** Es; **10.** conozco; **11.** sé; **12.** tiene; **13.** salgo; **14.** hago.

8. **1.** es; **2.** está; **3.** está; **4.** Tiene; **5.** es; **6.** hay; **7.** tiene; **8.** está; **9.** es; **10.** son.

9. **1.** Pon; **2.** Corta; **3.** Échalas; **4.** Deja; **5.** Quita; **6.** Échalo; **7.** Aliña; **8.** Tritura; **9.** Mételo; **10.** Sírvelo.

10. Respuesta abierta.

11. **1.** b; **2.** e; **3.** d; **4.** a; **5.** f; **6.** c.

11a. Respuesta abierta.

12. 1, 3, 4, 8.

13. **1.** quiere; **2.** hay que; **3.** tienen que; **4.** quiere; **5.** Van a; **6.** quiere; **7.** Van a; **8.** piensa.

14. **1.** Esta semana ha visitado el Museo del Prado; **2.** Mañana va a volver para ver las pinturas de Goya y va a visitar el Jardín Botánico; **3.** Normalmente come después de las clases; **4.** Algunas veces han comido tapas o raciones; **5.** Nunca ha probado los callos a la madrileña; **6.** Siempre se levanta pronto y llega puntual a la escuela; **7.** Hoy ha quedado con una compañera con la que va a montar en las barcas del parque del Retiro.

15. Respuesta abierta.

16. **1.** F (Orinoquía); **2.** V; **3.** V; **4.** F (Pacífico).

17. **1.** A; **2.** E; **3.** B; **4.** D; **5.** C.

18. **1.** doble; **2.** brazo; **3.** arriba; **4.** falda; **5.** rítmico; **6.** saltos; **7.** sombrero; **8.** alrededor.

Transcripciones

Unidad 1

[1]

Los números ganadores de la bonoloto son: doce, diecinueve, veinticuatro, veintisiete, treinta y tres, cuarenta y nueve. Repetimos: doce, diecinueve, veinticuatro, veintisiete, treinta y tres, cuarenta y nueve.

[2]

Diálogo 1

▶ Buenos días.
▷ Buenos días. Quiero inscribirme en el gimnasio.
▶ Muy bien. Vamos a rellenar el formulario de inscripción. ¿Me puede decir su nombre?
▷ Me llamo Miguel.
▶ ¿Y su apellido?
▷ Mi apellido es Moreno.
▶ ¿Cuántos años tiene, Miguel?
▷ Tengo 37 años.
▶ ¿Y cuál es su profesión?
▷ Soy abogado.
▶ ¿Me puede decir su número de teléfono?
▷ Sí, es el seis cero nueve, treinta, cincuenta y cuatro, sesenta y seis.
▶ Y, por último, su correo electrónico.
▷ mmoreno77@mail.com
▶ ¿Puede deletrear, por favor?
▷ Sí, claro: eme, eme, o, erre, e, ene, o, siete, siete, arroba, mail punto com.
▶ Perfecto. Muchas gracias. Ahora, necesitamos su cuenta bancaria...

Diálogo 2

▷ Hola, Ana, soy David, de Élite Sports. ¿Cómo estás? ¿Tienes un momento?
▶ Hola, David. Sí, claro, ¿qué pasa?
▷ Tenemos un problema con el sistema informático y necesito escribir de nuevo tus datos personales para la ficha de cliente. ¿Me puedes decir tu apellido?
▶ Sí, mi apellido es Alonso. A, ele, o, ene, ese, o.
▷ Tu edad, por favor.
▶ Tengo 55 años.
▷ Tú trabajas de diseñadora, ¿verdad?
▶ Sí, sí, soy diseñadora gráfica.
▷ Tu número de teléfono de casa...
▶ Es el 91 325 13 88. Te lo repito: nueve, uno, tres, dos, cinco, uno, tres, ocho, ocho.
▷ ¿Y cuál es tu correo electrónico?
▶ Mi correo es aalonso@mail.com
▷ Muchas gracias, Ana.
▶ De nada. Nos vemos esta tarde. ¡Hasta luego!

Unidad 2

[3]

▶ Buenos días. Inmobiliaria Mi Casa Ideal, dígame...
▷ Hola, buenos días. Estoy interesada en el piso de alquiler con referencia 9214, pero necesito alguna información más.
▶ Sí, adelante, dígame.
▷ Pues quiero saber en qué calle está y en qué planta.
▶ Ese piso está en la calle Cartagena, 15, quinta planta.
▷ ¿Hay conserje en el edificio? ¿Y garaje?
▶ En el edificio sí hay un conserje 24 horas, pero no, no tiene garaje.
▷ Una cosa más... ¿Cómo es el barrio? Perdone si le hago tantas preguntas.
▶ No, no se preocupe, es mi trabajo. El barrio es residencial y tranquilo. Está muy bien comunicado porque cerca hay una estación de metro y dos paradas de autobús. Enfrente hay varios supermercados, una panadería y un colegio. Hay un centro comercial, pero está lejos, a 15 minutos en coche. El barrio también cuenta con una farmacia abierta las 24 horas.
▷ Pues parece que está muy bien. ¿Puedo verlo?
▶ Sí, claro.
▷ ¿Es posible mañana?
▶ ¿Le parece bien a las cinco? Es mejor verlo de día.
▷ Sí, sí, perfecto.
▶ Pues entonces a las cinco en la calle Cartagena, 15. Estaré en la puerta.
▷ Muchísimas gracias, allí nos vemos.

[4]

a.
▶ ¡Qué diferente está ahora!
▷ Sí, después de la reforma, la bañera está delante del lavabo.

b.
▶ Pues, no, no hay muchas cosas, los muebles son blancos, todo muy minimalista.
▷ Sí, minimalista, aunque tiene todo lo necesario: hay una nevera muy grande y al lado hay un horno eléctrico. La mesa y las sillas están en medio...

c.
▶ Muy grande y luminosa, sí, pero... ¿no hay armarios?
▷ No, solo hay una cama y una lámpara para leer.

d.
▶ ¿El coche? En el garaje, claro...
▷ Ah, es verdad. Hay tantas cosas dentro de tu garaje que es casi imposible saber dónde está el coche.
▶ Tienes razón, ja, ja, ja...

e.
▶ ¡Es enorme!! Hay mucho espacio.
▷ Sí, sí, es muy grande, pero el coche está en la calle.

f.

- ▶ ¿La lámpara que está al lado del sofá es nueva?
- ▷ No, es que normalmente está entre las dos ventanas.
- ▶ Pero entre las dos ventanas está la tele.
- ▷ Claro, claro, la tele sí es nueva, por eso hemos cambiado la lámpara.
- ▶ ¡Ah, vale!

Unidad 3

[5]

Hola, me llamo María. Mi transporte favorito es la bicicleta. Es el transporte más económico. La utilizo los fines de semana para ir al campo. Me gusta mucho la naturaleza y la música, por eso me gusta viajar en coche con mi padre, porque puedo escuchar canciones.

Yo soy Juan. Yo prefiero viajar en avión. Lo mejor del avión es que es muy puntual, además de cómodo. Para mí es muy importante llegar a tiempo a los sitios, por eso intento no viajar en autobús, porque pienso que es el transporte menos puntual.

Yo me llamo Manuel. Mis amigos dicen que prefieren ir a la escuela en autobús porque pueden dormir, pero yo todos los días voy en mi bicicleta porque así hago ejercicio y no contamino.

[6]

Os voy a dar mi opinión sobre el hotel de mis vacaciones. Lo mejor es el desayuno, sin duda, es un bufé que tiene de todo y todo muy bueno, es maravilloso. Lo peor es que las habitaciones son muy pequeñas y el aire acondicionado no funciona bien, pero el baño me encantó, es enorme y tiene bañera. Si vas en coche es horrible, porque no hay aparcamiento y en esa zona hay mucho tráfico, porque, claro, el hotel está en el centro de la ciudad; eso para mí es fantástico. Y otra cosa mala es que el wifi no funciona bien.

Unidad 4

[7]

Andrés es mi hermano mayor. Vive en Santander. Tiene 20 años y es alto y gordito. Tiene los ojos oscuros y el pelo rubio, un poco largo. Lleva barba y gafas.
Ahora está aquí con nosotros y hoy lleva pantalones vaqueros cortos, una camisa verde de manga larga y zapatillas de deporte blancas. Es un poco tímido. Siempre estudia mucho, es muy trabajador.

[8]

Ana tiene una familia muy grande y muy unida. Hacen muchas cosas juntos. Los domingos, por ejemplo, siempre van al parque. Ana es muy activa y su hermana es tranquila. Su madre es seria y no habla mucho. Su padre es trabajador. Sus tíos siempre cuentan anécdotas curiosas, son simpáticos. Sus primos juegan, son pequeños y muy divertidos. Sus abuelos son alegres. Viven muy cerca de su casa y hablan mucho con ella.

Unidad 5

[9]

¿Un día normal en mi vida? No tengo días normales, ja, ja, ja... Yo estudio y trabajo. Por la mañana voy a la universidad, estudio Arte Dramático, pero por las noches trabajo como camarero. Es difícil levantarse temprano, por eso no voy a clase todos los días; porque, a veces, el restaurante cierra muy tarde y casi nunca me acuesto antes de las doce y media. Mi vida es muy diferente a la de mis hermanos y mi novia. Ellos solo estudian. Por la mañana van a clase, por la tarde a la biblioteca y por la noche, antes de cenar, al gimnasio. ¡Qué vida tan dura! ¿Eh?

[10]

1. Todos los días llego a la oficina a las nueve de la mañana.
2. Nunca voy al trabajo en autobús o metro, porque vivo muy cerca y prefiero ir en bici.
3. ¿Mi trabajo? Muy tranquilo y hasta aburrido. Vigilo una sala de un museo...
4. De lunes a viernes no hay mucho trabajo, pero los fines de semana tenemos muchos clientes, es necesario reservar.

Unidad 6

[11]

- ▶ Bueno, José, pues cuéntame, qué cosas te gustan y qué cosas no te gustan.
- ▷ A ver, déjame pensar... Me gusta mucho ir al cine, pero con amigos, porque me encanta comentar la película al final. No me gusta nada ir solo y odio las palomitas; a mis amigos les encantan, pero a mí no me gustan nada, prefiero comer cualquier otra cosa. También me gusta mucho ir a ver cualquier competición deportiva. Me gusta mucho el deporte en general, no me importa si es fútbol o baloncesto o tenis... Me interesan todos los deportes. Y a ti, Julia, ¿qué cosas te gustan?

▶ Pues mira, el deporte no me gusta demasiado, pero de vez en cuando está bien. Me encanta ver películas, pero en casa, no en el cine. Prefiero estar en el sofá cómodamente y poner una película mientras ceno. Las series no me interesan demasiado, aunque algunas están bien. Otra cosa que me encanta es el teatro, pero no tengo tiempo para ir. Podemos ir juntos un día, ¿no?

▷ A mí no me gusta mucho, pero algún día podemos ir.

[12]

▶ Carlos, ¿ya sabes qué vas a pedir?

▷ Es difícil, todo tiene muy buena pinta y además tengo hambre. Mmm... De primero, lo tengo claro: me apetecen los macarrones, aunque dicen que aquí hacen muy bien el gazpacho. Y, de segundo, tengo dudas; la hamburguesa especial es interesante... Pero no, esta vez pediré pollo asado con patatas, ¡es que me encanta el pollo! De postre, algo casero..., entre el flan y el arroz... ¡Venga!, el flan. ¿Y tú, María?

▶ Yo, de postre, la tarta de queso, lo tengo claro. De primero..., me gusta mucho la paella pero soy alérgica al marisco, así que quiero la crema de verduras. Los macarrones me encantan, pero como pasta con mucha frecuencia. Y, de segundo, es fácil, el pescado; solo hay cuatro platos y ya sabes que soy medio vegetariana.

Unidad 7

[13]

▶ Hola, Andrés, ¿qué tal?

▷ Cansado, tenemos mucho trabajo, menos mal que el fin de semana está cerca.

▶ ¿Qué vas a hacer? ¿Tienes ya planes?

▷ Sí, voy a hacer la ruta de la Cascada del Purgatorio.

▶ ¿Y eso dónde está?

▷ Aquí cerca, en la sierra de Madrid. Son 12 km, ida y vuelta, desde el Puente del Perdón. ¿Quieres venir con nosotros?

▶ No sé, no hago mucho senderismo. ¿Qué necesito?

▷ Unas buenas botas de montaña desde luego, un impermeable que te aísle de la humedad, gafas de sol, una gorra, que siempre viene bien, y por supuesto, protector solar.

▶ ¿Vais a dormir allí?

▷ Quizás en Rascafría, pero no lo sé todavía. Entonces, ¿te vienes?

▶ Sí, me apetece mucho. Tiene buena pinta.

▷ Genial. Si tienes, tráete unos prismáticos, te van a encantar las vistas.

[14]

▶ Elena, ¿has pensado bien lo que vas a hacer? Cambiar de ciudad no es tan fácil...

▷ Lo sé, pero me hace mucha ilusión vivir una nueva etapa.

▶ Pero hay que hacer muchas cosas antes y tú eres muy desorganizada.

▷ Seguro que tú me vas a ayudar, ¿a que sí?

▶ Sí, claro. Lo primero de todo es que hay que tener un plan de acción muy detallado.

▷ Ya, lo tengo que pensar.

▶ Y hay que buscar un trabajo en la nueva ciudad.

▷ Sí, sí, estoy buscando en internet.

▶ También hay que encontrar un apartamento bien situado.

▷ Eso es muy complicado y difícil.

▶ Por supuesto tienes que pensar qué llevarte, hay que organizar una mudanza, hay que hacer las maletas.

▷ Me estoy preocupando... ¿Algún consejo más?

▶ No te preocupes, yo te voy a ayudar. Por lo menos con la fiesta de despedida, ja, ja, ja...

▷ ¡Claro! Hay que hacer una gran fiesta de despedida, eso es lo mejor.

▶ Vale, entonces, vamos a empezar por la lista de invitados a esa gran fiesta: Javier, Ana, Luisa, Marcos...

Unidad 8

[15]

1

▶ Creo que hoy no voy al gimnasio.

▷ Normal, Carlos, tienes una tos terrible.

2

▶ ¿Todo bien, María? Te veo preocupada y triste.

▷ No, tranquilo, Luis, solo estoy muy cansada...

3

¿Otro examen el viernes? ¿Y el lunes presentación? Y el martes tengo partido de fútbol... ¡qué estrés!

4

▶ Miguel, la entrevista de trabajo es en una semana, no sé por qué estás tan nervioso hoy...

▷ ¡No estoy nervioso! Estoy muy feliz porque no tengo que hacerla, ¡me llamaron para un trabajo nuevo!

[16]

Con la gripe hay que ser muy paciente, tienes que descansar mucho. Lo mejor es quedarse en casa, pero, por favor, no es el fin del mundo, son unos días… ¡Sé positivo! Es muy importante estar en un ambiente húmedo: usa humidificadores o pon recipientes con agua en los radiadores. Si tienes fiebre o dolor, toma algún calmante; y lo más efectivo, bebe muchos líquidos: agua, zumos, infusiones…

Unidad 9

[17]

- ▶ Ya está terminando el verano. Para mí, ha sido especial porque he conocido a la chica de mi vida. Estoy muy enamorado. Y a ti, Marta, ¿qué tal te ha ido?
- ▷ Bueno, no ha sido tan especial como para ti, pero la verdad es que he hecho muchas cosas. Lo mejor es que he ido a Valencia con mi familia. Hemos alquilado un coche para ir allí y nos hemos alojado en un apartamento en la playa.
- ▶ Supongo que habéis comido paella.
- ▷ Claro, y también hemos tomado el sol y hemos descansado mucho. Antes de venir, hemos comprado algunos regalos para los amigos.
- ▶ Yo tengo muchas ganas de ir a Valencia. Dicen que tiene muy buenas playas.
- ▷ Sí, estupendas. ¿Y tú dónde has ido?
- ▶ Yo he estado en un hotel con espá cerca de la ciudad, en un pequeño pueblo muy tranquilo.
- ▷ ¡Qué bien! Yo nunca he estado en un espá.
- ▶ Pues es magnífico. He hecho muchas fotos. Si quieres te las enseño.
- ▷ Perfecto, vamos a tomar un helado y vemos las fotos.

[18]

Os voy a hablar de las actividades y experiencias que más me han gustado en mi vida.
Por ejemplo, volar en globo. Es una actividad que he hecho este verano y que algún día quiero repetir. Es increíble y os lo recomiendo. También he saltado dos veces desde un avión. Es impresionante, pero si tienes vértigo, puede ser una experiencia un poco traumática.
Me encanta la gastronomía aunque nunca he comido en un restaurante con estrellas Michelin. Han abierto cerca de mi casa un restaurante tailandés y este mediodía he pedido comida a domicilio por primera vez. ¡Me ha gustado mucho! Lo voy a hacer con frecuencia.
También me encanta el mar y alguna vez he buceado.
Tengo una afición: me dedico cuando puedo a la fotografía, y justamente hoy he ganado un premio a la mejor foto relacionada con la naturaleza. ¡Ha sido una experiencia que no se me va a olvidar en la vida!

Unidad 10

[19]

- ▶ ¿Diga?
- ▷ Hola, Alex, soy yo. ¿Qué tal?
- ▶ ¡Patricia! Yo, bien, ¿y tú? Cuéntame cómo te va por allí.
- ▷ Bien, ya estoy instalada y han empezado las clases.
- ▶ ¿Qué tal los profes?
- ▷ Parecen simpáticos. Bueno, el de contabilidad es muy serio, pero explica bien.
- ▶ ¿Y la gente?
- ▷ Genial, ya tengo un grupo de amigos. Este domingo he ido a una fiesta. Te mando una foto por WhatsApp y los ves mientras te cuento cómo son, ¿vale?
- ▶ Vale, vale, dime.
- ▷ Bueno… Están Sergio y Elvira, los que llevan gafas; son hermanos, como nosotros, y también se llevan genial. Sergio es un poco más tímido y muy inteligente. Elvira es muy simpática y divertida, le encantan los deportes de riesgo, hace paracaidismo y escalada.
- ▶ ¡Guau! Como a ti, que lo más arriesgado que haces es montar en bici, ja, ja, ja…
- ▷ ¡Vaya, qué gracioso! Venga, sigo… Raúl y Rosa son primos; sus padres son hermanos, pero antes no se conocían mucho porque vivían muy lejos. Raúl es muy sociable, y hablador, pero un poco raro, le encanta la econometría.
- ▶ ¿Es el rubio que lleva barba?
- ▷ Sí, ese. Es muy alto también.
- ▶ ¿Rosa es esa chica que tiene el pelo rubio y los ojos azules? Es muy guapa…
- ▷ Ja, ja, ja… Sí, y no solo es guapa, es muy trabajadora y amable, le encanta la comida española y hace una paella riquísima, porque además le gusta cocinar.
- ▶ ¡Vaya! Ya quiero ir a visitarte.
- ▷ ¡Qué listo…! Mario, es el chico moreno, que lleva barba también. No habla mucho, parece antipático, pero no lo es. Le encantan los idiomas y habla tres lenguas: francés, italiano y alemán.
- ▶ ¡Qué bien! Así puedes practicar tu alemán con él, para no olvidarlo. La chica morena, la que tiene el pelo largo y liso y los ojos marrones, ¿cómo se llama?

▷ Es Begoña, es muy alegre también, pero un poco torpe con las matemáticas como yo; le encanta bailar y hacer yoga.

▶ Sois un grupo muy majo. Me alegro de que estés tan contenta allí. En serio, tengo que ir a verte pronto y me los presentas a todos.

▷ Cuando quieras. Te prometo que el próximo día hablas tú más.

▶ Ja, ja, ja, no te preocupes, te llamo pronto, chao.

▷ Adiós, besos.

[20]

▶ Carlos me ha contado que hay un parque de aventuras en la sierra que es muy divertido. Podemos ir el próximo fin de semana.

▷ ¿Y cómo es?

▶ Pues está en plena naturaleza, en un bosque, y tiene un circuito con tirolinas con las que te desplazas entre los árboles.

▷ ¡Uf!, Leo, no sé, hay que estar en forma para hacer eso, ¿no?

▶ No, no creo. Es fácil. Incluso los niños participan.

▷ ¿Y es peligroso?

▶ No, no, tenemos que usar un arnés, es obligatorio. Con él podemos tirarnos sin correr ningún peligro.

▷ ¿Hay más actividades?

▶ Sí, hay piscinas naturales, restaurantes de diferentes tipos, merenderos, hoteles, albergues. Bueno y como estamos en la montaña, hay muchas cosas más.

▷ Suena bien... También quiero hacer senderismo y nadar.

▶ Podemos organizarlo para pasar allí todo el fin de semana.

▷ Vale, vamos a salir el viernes por la tarde, entonces. ¡Qué bien! Quiero hacer la reserva en el albergue ya. ¿Cómo vamos?

▶ Vamos a viajar en tren, es rápido y cómodo.

▷ De acuerdo, pienso comprar la ropa que necesitamos esta misma tarde en la tienda de deportes.